怪談番外地
蠱毒の坩堝

神沼三平太
若本衣織
蛙坂須美

竹書房
怪談
文庫

※本書は体験者および関係者に実際に取材した内容をもとに書き綴られた怪談集です。体験者の記憶と主観のもとに再現されたものであり、掲載するすべてを事実と認定するものではございません。あらかじめご了承ください。

※本書に登場する人物名は、様々な事情を考慮してすべて仮名にしてあります。また、作中に登場する体験者の記憶と体験当時の世相を鑑み、極力当時の様相を再現するよう心がけています。今日の見地においては若干耳慣れない言葉・表記が記載される場合がございますが、これらは差別・侮蔑を助長する意図に基づくものではございません。

本書の怪談記事作成に当たって、快く取材に応じていただいた方々、体験談を提供していただいた方々に感謝の意を述べるとともに、本書の作成に関わられた関係者各位の霊的無事をお祈り申し上げます。

まえがき

　年末年始の休みに怪談本を読むというのは、一種冒涜的なのではないかという話もあるのだが、ヨーロッパ等では冬こそ怪談の季節ということもあるし、現在は年がら年中怪談本が出ていたりもするので、季節柄はあまり関係なくなってきたようにも思う。

　だが、冬の真っ只中に読む怪談本は、また味わい深いものだ。

　そもそも体が冷え切っているところに、心まで冷やしていこうというのだから、震えるに決まっているのだ。その震えを尋常でなく加速させようというのが、本書である。

　本書は、ベテラン枠として神沼三平太が参加しているが、基本的にはまだ若手と言える二人、若本衣織と蛙坂須美にフィーチャーした、強火の怪談本である。

　基本的に両名に課したのは「すごく怖い話を持ってきて下さい」というオファーのみである。あとは得意分野で良いという、極めてざっくりとした依頼だが、両名とも大変な話の数々を持ってきてくれた。

　若本衣織氏は、既に若手の中でもよく知られる存在となっている。

　山の怪談、山とともに生きる人々が経験した話を得意とするが、その実、都市部で起きる怪異にも佳作が多い。

蛙坂須美氏は、まだキャリアは浅いものの、その話の選び方、筆の巧みさなどから、もはやベテランの貫禄のある書き手である。

両者ともに、次世代を引っ張っていく著者であると確信している。

二人に蹂躙されるのを楽しむ本だと思ってもらって良いだろう。

さて、イントロダクションとして一つこんな話を書いておこう。

本書を綴っている間に、知り合いが「神沼さん、ダメだよ。今の仕事続けてると死んじゃうよ」と変なことを言い出した。

普段の労働の仕方を見て、過労死を心配して下さる方は少なからずいらっしゃるのだが（有り難いことです。日々反省しています）、こんな言い方をされたことはほぼない。

この方は、色々と視える方でもあり、今までに色々な体験談も預けて下さっている。

自分にとって十分に信頼できる人物からの忠告なので、何とかしないといけないとは考えたが、だからといって何かできる訳でもない。

死んでも仕方ない。出目次第と半ばやけっぱちになって仕事を続けていたが、これが邪魔が入りまくって、結局執筆がままならない状態に陥った。

如何なものかと思いながらそれでも仕事を進めていると、その知り合いから再度連絡が入った。

「多分もう大丈夫だけど、くれぐれも注意してね。今回書いた話が悪さしてるし、最悪死ぬからね」

〈最悪死ぬ〉は、最悪でなければ死なない。そう甘く見たのが良くなかったのだろう。

今でも続く原因不明の発熱や全身の痛み。

他にもここには書けないようなことも色々。

ただ、この文章を綴ることができている以上、最悪は辛うじて避けられたようだ。

この本は、そんな因果も色々と練り込まれている。共著者からも執筆中に様々あったという話は聞いている。読者の元にも何かが起きないという保証はない。

是非、最後まで楽しんでほしい。できれば、身に降りかかる「何か」を楽しむ余裕もお持ちいただければ幸いである。

著者を代表して。

神沼三平太

目次

●……神沼三平太
▲……若本衣織
◆……蛙坂須美

棗（なつめ）

私、五歳から茶道やらされてたのね。

あるお寺の離れでやってる茶道教室だったんだ。

その教室の先生は七十歳くらいの年配というか、おばあちゃん先生だったんだけど、矍鑠（かくしゃく）とした人で凄い厳しくてさ。正直あまり好きじゃなかった。

動作一つ間違えただけで、水を掬（すく）う柄杓（ひしゃく）で打たれたりしたしね。

今から考えたら、子供がわちゃわちゃしてたら、お抹茶だって飛び散るし、そりゃ注意するよね。私だって注意する。

でもそのときは嫌だったな。

それで七歳の夏に、その教室が終わっちゃったんだ。そのときの話をするね。

お抹茶を入れる棗って道具があるんだ。

棗はお抹茶を入れておく容器みたいなものなんだけどさ。漆塗りで、綺麗な模様が入ってるのが多いかな。

その先生が使っていた棗は、亡くなった旦那さんから譲り受けただかで、とても大切にしてたみたい。

今思い出して気が付いたけど、先生、未亡人だったんだね。

夏休みだったんだけど、親に連れられて、いつも通り日曜日の教室に行った訳。丁度一席終わった頃に、先生の棗にピシッってヒビが入って真っ二つになったの。先生がそれを見て、顔が本当に和紙みたいに真っ白になっちゃってさ、どうするのかな。棗を交換するのかなって思ったら、スゥって息を吸ってさ、

「今日の授業は終わりです。いえ、私の人生の終わりです」

ってはっきり言ったの。

私、七歳だったけど、その場面と先生の顔だけは今でも覚えてるんだよね。

帰りに、お母さんを待ってる間、住職から揚げまんじゅうを貰って食べたのも覚えてるんだ。

もしかしたら、それがあったから、余計記憶に残ってるのかな。

それでね、次の日の月曜日に、茶道教室の先生が自殺していたのが発見されたんだって、お母さんが言ってたのね。私はまだ幼かったから、自殺なんてぼんやりとしか感覚がなかっ

たけど、先生が死んじゃったんだってことだけは分かった。

私も一番若い弟子だから、お葬式には出たのよ。

葬儀場でも大人っていうか兄弟子達は色々と噂しててさ。先生のお葬式の場でも、ずっと小声で話してたんだよね。ああいうときって、人の性質ってよく分かるよね。

大人達が話してるのを聞いてると、先生の部屋からは、和紙に筆で、

「許さない。お前も連れていく」

って書かれた紙が見つかったんだって。

誰を許さないのか、誰を連れていくのか、そりゃ周りの人からは分からないから、それが話の中心だったみたい。

それでも先生のお葬式が始まったら、皆静かにしてたよ。

そうしたら、先生の姪という人が、お葬式の途中で凄い叫び声を上げてさ、泡吹いて倒れちゃって、救急車で運ばれたんだよね。

お葬式も凄い大混乱。

私はお母さんに連れられて、すぐに帰ったから、それから先の話は全然知らないんだけどね。

今になって思うのは、棗は旦那さんから譲り受けたものだって言ってたじゃない。でも、旦那さんと姪御さんとの間に、何かあったんじゃないかなって。

分かんないけどね。

ただ、これは私の子供の頃に、実際に自分の周りであった気持ちが悪い話。

渋滞

関東地方の住宅街にある、生活道路で起きた話である。

その道は少し狭い二車線道路ではあるものの、難なく双方向で通行することができる。

生活道路という特性上、多少車が続いて混雑することはあるものの、渋滞することは滅多にない。何度か水道管や電線の工事があった際に交互通行を強いられたりしたが、その際も誘導員が立つため大きなストレスを覚えることもなかった。

しかしその日、秋元さんは三十年間で初めて奇妙な光景を目にすることとなる。

いつものようにその道に差し掛かったとき、随分と車が列を成しているのが目に入った。

「何だ、道路工事でもしているのか」

そう独言（どくげん）を呟きながら、仕方なく行列の最後尾に付く。しかし、これが随分と進みが遅い。いつもならば複数台連なって進んでいくものの、その日はじわじわと、まるで蛇口から水滴が漏れ落ちるような速度でしか進んでいかない。

これは、参った。完全に失敗したな。

Ｕターンをしようと思ったが、こういうときに限って対向車線は車がひっきりなしに通っている。仕方ない。じりじりと進んでいることもあり、少し待つことにした。

道に差し掛かって五分が経過した。普段ならば、ものの数十秒で走り抜けられる道である。

だんだんと苛々が募ってはきたものの、ここで漸く渋滞の最前列が見えてきた。どうも工事ではないらしい。誘導員がいる気配はしない。十台ほど前を走っていた黄色の国産スポーツカーが、まるで何かを避けるようにして大きくハンドルを右に振った。次の車も同様に、何かを避けるようにして走っていく。

「何だ。何か死んでいるのか」

それにしては大袈裟な避け方である。わざわざ一時停止してから避けていくのだから。

そもそも、対向車線を走る車両を見る限りでは、どうも何かがある様子ではない。皆、二度見することもなく、当たり前の顔をして通り過ぎていくからである。

それならば一体全体、何を避けているのだろうか。

分からない。ここからでは見えない。

ふと前の車両を見ると、秋元さん以上にフラストレーションを募らせている様子が見て取れた。ゾロ目ナンバーの白いドイツ車は、まるで威嚇するように左右に車体を振りながら、前の車達を牛蒡（ごぼう）抜きする機会を、虎視眈々（こしたんたん）と狙っている。

あと五台というところまで来たそのとき、対向車両が途絶えた。

途端、待っていましたとばかりにドイツ車が対向車線に飛び出したかと思えば、一気に速度を上げ、渋滞の先頭で停止している車の前に躍り出た。何かを避けた気配もない、スムーズな横入りだった。

すると妙なことに、それまで遅々として進まなかった車列が、まるで蛇口の栓が抜けたかのようにして一気に動き出した。

何だ、何だ。結局、何があったんだ。

さっきまで車が避けていた部分に目を凝らしてみても、何も見当たらない。

勿論（もちろん）、秋元さん自身が変なものを踏む訳にはいかないので、目を皿のようにして路上を確認する。しかし、何もないのだ。道路で潰れている死骸も、アスファルトの亀裂も、積載車が落としていった積み荷も、溢れたオイルすらない。何もない。

妙な心持ちではあるが、仕方なしに加速する。その瞬間、遥か前方から爆発音が聞こえたかと思うと、黒い煙がもくもくと上がり出した。事故のようである。

これは、大変なことが起こったぞ。

暫く進んでいくと、今度こそ車が大きく避けていくものを見つけた。電信柱に突っ込み、炎と黒煙を上げる白いドイツ車だった。間違いない。あのとき、渋滞の先頭車を抜いていった車体だ。

恐らく、そのままのスピードで電信柱に突っ込んだのだろう。慌てて近くのコンビニに車を駐め、何かできることはないかと人だかりのほうへ駆け出してみると、妙な臭いが鼻を衝いた。恐らく、あの車の中には、まだ人がいたのだろう。

込み上げてくる胃液をどうにか我慢しながら、すごすごとコンビニへ戻る。程なくして、救急車と消防車のサイレンが聞こえてきた。時折、悲鳴と怒号が上がるのが聞こえてくる。最早運転する気力もなく、車の横にへたり込んだ。

「大丈夫ですか」

声を掛けてきたのは、隣のスペースに車を駐めていた男性だった。ふと目を遣れば、先程自分の数台前を走っていた黄色の国産スポーツカーである。恐らく、ここで休憩でもしていたのだろう。

「大きな事故を見てしまって」

「ああ、何だか凄い騒ぎっすね。僕も出るに出られなくなってしまって」

そう二、三言、言葉を交わす。立ち上る黒煙を見ながら、秋元さんはふと過った疑問を、スポーツカーの男性に投げかけた。

「あの、自分見えなかったんですけど、さっきの渋滞、みんな何を避けていたんですか」

するとと男性は気まずそうな顔で眉根を寄せ、唸るような、苦しい声を上げた。

「あの、赤くて腕の多い女がね、車道に立っていたんですよ」

訝しげな顔の秋元さんを見て、ハッと口を噤む。

「ま、そういうことですから」

そう言って、そそくさと車に乗り込み、出ていってしまった。


翌日の新聞記事には、例の事故について小さく記載されていた。やはりスピードコントロールをミスした単独事故であり、案の定、乗っていた男性は死亡していた。

結局、その事故から十年以上経っているが、以降、同様の渋滞を経験していないという。

シチューのお婆さん

南関東でも山が近い、とある地域での話である。

そのとき女性警備員の秋田さんが参加した工事は、水道取り替え工事だった。

しかも一帯の道路は何処も狭く、大型の機械が入れられない。殆どのことを人の手で行わなければならない以上、今回の作業は道路工事の中でも意外と厄介なものといえた。

作業を開始してすぐに奇妙な噂が立った。その噂とは、住人がいつもお風呂に入っている家のことだった。

何の変哲もない一軒家だが、その前の道路の工事を行っているうちに、警備員の間に噂が流れ始めたのだった。

「お前、見たか？」

「何をだよ」

「何をって、ほら、擦りガラスを通して肌色が見えるだろ。髪が長いのも分かるよな。あれ、女だろ」

「ああ、ずっと風呂に誰か入っているって話か、あれってマジなのか」

「マジもマジ。大マジ」

噂を聞きつけた男性警備員達は、こぞってその場所に立ちたがった。女が風呂に入っている様子なら、ガラス越しでも一日見ていられるというのだ。

工事中は道路が通行止めになる。そのために警備員が置かれているというのに、一軒の前に警備員が常駐しているのも変なら、苦情だって来るだろう。

「仕事に集中しろ。中学生でもあるまいに」

現場監督は苦虫を噛み潰したような顔がトレードマークの男性だったが、その顔をますます渋いものにしながら、そう繰り返した。

だが、風呂場の窓を見るのも、すぐに熱が冷めることになった。

「俺さぁ、見ちゃったんだよ」

そう残念そうに口にする者が出てきたのだ。

「何を見たんだよ」

「あの窓の中さ、お婆さんだった――」

窓が開いていたのか、それとも何か近隣の住民から聞きつけたのかは分からないが、その家に住んでいるのは老婆一人なのだという。

つまり、風呂にずっといるのも老婆なのだ。

「え、何。毎日お風呂にいたのはボケた婆さんってことかよ」

「そうなんじゃないの」

「何で俺達あの風呂の前に陣取ろうとしてたんだよ」

「そりゃ――バカだからだろ」

現場監督が冷ややかに言った。

「あーあ」

男達は何を期待していたというのか。


ただ、この話はそこで終わらなかった。警備員として道に立っていた秋田さんに、近くに住むという中年女性が「内緒なんだけどね」と前置きして教えてくれた話があるのだ。

その工事の始まる前には、もうその家に人は住んでいなかったという。

住人はとっくの昔に退去しており、そのうち家も潰して更地になるだろうという話だった。

実はその家のお婆さんは、湯に浸かっている間に心臓発作で亡くなり、家族が旅行で留守にしていた間中、そのまま長時間煮込まれて、家族の帰宅時にはとろとろのシチューになっていたというのが、住人の出ていった原因なのだという。

その中年女性に言わせれば、このお婆さんが幽霊になってからの逸話は、他にも数々あるのだという。

既に電話も解約されて、電話線も切れているにも拘らず、電話が掛かってくる音がする。その電話に出るらしい。相手が誰かも分からないが大声で長電話もする。他にも周囲の家に回覧板を置きにくるのだが、ポストを見ても回覧板は入っていない——といった話を、情感たっぷりに教えてくれた。

内緒だと言われたそれらの話を、秋田さんは現場監督に伝えた。勿論、怪談話としてである。

「え、それって、あの風呂の肌色って、お婆さんの幽霊ってこと？」

「そうらしいですよ。シチューになっちゃったお婆さんが化けて出てるってことらしいです」

「うぇえ。俺もうシチュー食えねぇよ。この周辺、確かに何か脂気が強い臭いがしてるものね」

監督はこれ以上ないといった嫌な顔をした。

「しかし、死んでるのにアクティブな婆さんだなぁ」

秋田さんはアクティブという言葉に思わず笑ってしまった。

その現場の工事が終わる頃の話だ。ある日出勤すると、現場が噂話でもちきりだった。

秋田さんは新しく事件が起きたのだと聞かされた。

情報源は例の中年女性である。この人物は、余程の噂好きらしい。

件の家のお婆さんと仲の良かった近隣のお婆さんが、自宅の風呂場に入っていたときに、叫び声を上げた。家族が駆けつけると意識を失っていたので、病院に担ぎ込まれたという話だった。

ただ、病院で目を覚ましたそのお婆さん曰く、昼間にお風呂に入っていると、泥のようなものが湯船の底から浮かび上がってきて、自分の腕を掴んで湯船に引き込もうとしたとのことだった。

「これって、やったのはシチューのお婆さんよね」

頻りに同意を求める中年女性に、秋田さんは曖昧な笑みを返すだけだった。

後年、秋田さんの友人がその町内に住んでいることが判明したが、今でもその家は残っているし、風呂場の気配も続いているという。

「その家は近隣でも有名だし、そもそも色々と古い地域だし、そういう思いみたいなものは、残り易いのかもしれないね」

その後、友人からは嫌がらせのように、近隣のシチュー情報が数件寄せられた。全く知りたくもない情報ばかりだ。

なお友人は、その家の近くは、なるべく通らないようにしているとのことである。

もずく

若菜さんは海藻類が苦手である。

「食べるのは勿論、見るのも嫌。海に行くと、砂浜にワカメなんかがべろっと落ちてるじゃん？　ああいうのもダメ」

そんなふうになったのにはきっかけがあるのだ、と彼女は躊躇(ためら)いがちに話してくれた。

若菜さんが大学生の頃というから、十五年ばかり前のこと。

当時、彼女が通っていた大学ではある風聞(スキャンダル)が囁かれていた。

「教授が教え子に嫌がらせをしたって。それも性的なね」

被害者の女生徒が学生課に訴え出たことで露見した事件だったが、現在と比べても、ハラスメントに対する意識が低い時代だった。

大学はあくまでも知らぬ存ぜぬを貫く教授の肩を持ち、結局、その彼女は泣き寝入りをすることになった。

「おまけにサイアクなのが……」

教授とその取り巻きは、被害者の容姿や素行を貶める噂を流しているらしかった。

その一件から程なくして、女生徒は大学を辞めた。

「私は直接その子を知ってる訳じゃないの。教授のほうもね、一年の頃にガイダンスで見かけたくらいなんだけど、他にも何人かちょっかい出された子がいたって話」

しかし第二、第三の告発が続くことはなく、風聞は尻すぼみになっていった。

被害に遭った女生徒は、その後、精神科に入院したとも聞いたが、これは流石に噂の域を出ない。

夏休みが明けてみれば、そんな事件があったことなど誰もが忘れてしまっていた。

「その日は講義の後、サークルの友達と学食でダラダラしてたんだよね」

食事時からずれていたせいで、学食に人は疎(まば)らだった。

あっ、と若菜さんの隣に座った友人が小さく声を上げた。

「犀川だよ」

一瞬、誰のことだか分からなかった。

「ほら、あのセクハラの……」

言いながら友人は顎をしゃくる。

見れば、一人の老人が学食に入ってくるところだった。

ツイードの背広を着た、如何にも昔風の教授といった風情の男である。

後退した薄い黒髪を整髪料でべったりと後ろに撫で付けているのが、何だか汚らわしい感じだ。

「それだけじゃなくて、前に見かけたときとは雰囲気が違ったんだよね」

若菜さんが怪訝に思っていると、

「痩せたねえ」

別の友人が呟いた。

なるほど、そうだ。

以前までは、水泳でもやっていたのかと思わせるがっしりした体格だったのが、すっかり萎んでしまっている。顔色も悪く、黄疸(おうだん)が出ている。

「ストレスかなあ」

「いや、あれは病気でしょ」

などと口々に言い交わしているうちに、教授はトレーを重ねたカウンターにふらふらと近付いていく。

そして、不意にころんと横倒しになった。

「陳腐な表現だけど、ゼンマイの切れた人形みたいだった」

大丈夫ですか？　とカウンターの向こうからアルバイトの学生が声を掛ける。

若菜さんと友人らも立ち上がり、身を乗り出した。

次の瞬間、

「うぉごぇぇぇっ!!」

獣の咆哮を思わせる物凄い声とともに、教授は未消化の黄色い吐瀉物を床にぶち撒けた。

「げぉぉ、おぐっふ、ぎぇぇぇ……」

呆然と立ち尽くす若菜さん達の前で、教授は身体を海老反りにしたかと思えばくの字に折り曲げ、猛烈な勢いで嘔吐を続けている。

「実際にはせいぜい一分とかそこらのことだったんだろうけど、凄く長い時間に感じた。一生終わらないんじゃないかって」

真っ赤な鮮血の塊を吐き出すと、漸く教授は動きを止めた。

暫くの間、誰も動かず、声も漏らさなかった。

「そのとき、見ちゃったんだよね」

力なく開かれた教授の口から、幾本もの黒い繊維が覗いた。

それは今正に生命活動を停止しつつある教授の体内から、少しずつ、まるでイソギンチャクが触手を伸ばすように這い出してくるのである。

ぞろり、とそれが全身を現した。

「人間の、多分だけど、女性の髪の毛だった」

それは滑り落ちた床の上でうぞうぞと緩慢な伸縮を繰り返し、最後にはでろりと伸びて動かなくなった。

学食にいる全員が、それを凝視していた。

もずくみたいだ。

そんな突拍子もない考えが脳裏を掠めた途端、若菜さんは猛烈な吐き気を覚えて駆け出した。

複数人の叫び声を背中に聞いたが、振り向かなかった。


「救急車が来たときには、手遅れだったみたい」

あの髪の毛は、いつの間にか姿を消していたという。

以来、冒頭でも述べたように、若菜さんの身体は海藻類を一切受け付けない。

「結局、報いなんじゃないかって気がするね。まあ、例の女の子がその後何処で何をしてるとか、知らないしあんまり知りたくもないけど」

そういう話、と言って若菜さんは不愉快そうに顔を歪めた。

街道沿いの廃アパート

「若い頃にヤンチャだったという話はよく聞くけど、皆がそこからどうやって落ち着いたかはよく分からなかったんですよ。自分の場合は明確にそのきっかけがあるんですけど、他の人にもそんな経験があるんですかね――」

飲み会の席で、不意に水本がそんなことを言い出した。

彼は若い頃に仲間と集って県内だけではなく県外にまで遠征を繰り返していたという。その遠征は単にバイクに乗って遠出をするだけではなく、時には肝試しのような形で廃墟に侵入することなどもあった。

いい機会だったので、彼がヤンチャだったことを卒業し、落ち着いた原因となる話を教えてもらった。

まだ彼が高校三年生だった夏の話だという。

隣県に繋がる街道の一つに幽霊アパートがあるという話を、仲間の一人である秀次という奴が聞きつけてきた。

興奮して幽霊アパートなどと言ってはいるが、秀次が実際に幽霊を見た訳ではない。ただ、昼間はどう見ても廃墟なのだが、夜に横を通り掛かると、何故か室内の蛍光灯が点灯しているというのだ。

「それ、まだ電気の契約が切れてなくて、浮浪者が入り込んでるとかじゃないの」

幽霊なんているはずがないのだ。だからこんな与太話は話半分に聞くに限る。水本は初めはそう考えていた。

「いや、浮浪者って、そんなことはあるかぁ」

秀次はあんな場所に住むなら、別のところを選ぶだろと笑った。

それも一理ある。もし自分が思い描いているアパートが秀次のそれと同じだとしたら、浮浪者だって住んではいられないだろう。

「そもそもあのアパート、何であんな場所に建ってるんでしょうね。店も周りにないし、バス停とかもないっすよね」

一つ下の幹太が疑問を口にした。陽介も頷く。近隣を鉄道が走っているのは知っているが、駅と駅との中間にあるため、最寄りの駅まで出ようにも徒歩で一時間以上は掛かるはずだ。

「——何か事情があんだろ」

考えれば考えるほど、何故あそこにアパートが建っているのかが理解できない。

過去に道路か何かの工事をするのに必要だったから、間に合わせで建てたというような話なのかもしれない。

だが、繰り返すが、幽霊などいないのだ。

「でも水本先輩、次の遠征は、そのアパートに寄ることにしましたよ」

陽介が口にした。

確かに街道沿いにあるのだから、隣県まで遊びに行くのであれば、横は何度も通っている。むしろ、何故今まで人が住んでいると気が付かなかったかのほうが不思議だ。

だが、それを仲間に訊ねると、自分達は夜にしか通らないから、普通のアパートだとばかり思っていたというのだ。確かにそうだ。水本も気付いていなかった。

人は、意外とものを見ていないのだなという感想を持ったのを覚えている。

「それじゃ行くぞ！」

週末の夜だった。ツーリングに出発する時間は、いつもよりも遅くなった。

普段のように隣県まで足を伸ばすのではなく、その半分ほどの位置にある廃アパートが目的地だ。街道は北上していく大きな川沿いだ。

夜でも時折対向車が来るが、深夜になるともう車の姿も稀になる。

周囲にあるのは山と川ばかりで、しかも今夜は新月と来ている。

到着は日付が変わる直前になる予定だった。

幽霊なんているはずがない。

だから、廃アパートも、誰かが忍び込んで住んでいるだけだ。

水本はそう考えていた。

要はお化けが怖かったのだ。

だが、メンツがある。仲間にそれを言い出す訳にはいかない。ナメられるからだ。

それより、心配なのは秀次だ。

妙に気分が高揚しているのが、運転の様子からも伝わってくる。

途中で何度かコンビニで休憩を取りながら先に進む。だが、ある場所から先にはコンビニどころか、店の一つもない。民家もほぼない。あるのは山と森と川だけだ。

「――灯りが点いているって言ってたよな」

一度速度を落としてアパートの横を通過した。

アパートは一階が三室、二階が三室の合わせて六室あるようだ。その窓が全て煌々と光っている。

「マジで中に人いるんじゃないの」

だが、この周囲にはバス停もない。見れば車が駐めてある訳でもなさそうだ。

つまり、今の状況が極めて不自然なものだというのは理解ができた。

「だから幽霊アパートなんだって」

「いいから、バイクあっちに駐めんべ」

四台のバイクをアパートの目の前に駐めるのは、もし万が一にでもパトカーが巡回に来たときなどに不自然だろうと考えたからだ。

ぞろぞろと歩いてアパート前に戻ると、懐中電灯などを持たずとも、窓から漏れる明かりで十分なほどの光量が確保できた。

「それじゃ、裏に回りましょうか」

陽介が声を抑えて言った。

どの窓もすりガラスが嵌まっていて中を見ることはできない。

カーテンらしきものの姿は確認できないので、きっと中は空っぽなのだろう。

ただ、事前の情報によれば、昼に見る限りでは窓ガラスも割れているとの話だった。

だが、目の前のガラスには穴は開いていない。

——幽霊なんているはずがない。

水本はアパートの裏に回る前に、窓の明かりを見て小声で呟いた。

四人で徒党を組んでアパートの裏に回る。

二階に向かう錆だらけの鉄階段は、音も立てるだろうという理由で上る気にならなかった。したがって一階の端の部屋から見ていくことに、自然と決まった。

「ここは廃アパートなんだよな。だったらこのドアの中にいるのは、不法侵入してる奴らだよな！」

小声ではあるが、秀次が興奮したような声を上げた。

恐らくドアにも鍵が掛けられているだろう。その場合は少しドアノブを回して驚かしてやれば面白いだろう。

秀次は事前にそんなことを言っていた。

「開けますよ」

彼は事前の打ち合わせ通りにドアノブへ手を掛けた。

「あれれ」

間抜けな声とともに、大きくドアが開け放たれた。中には六畳一間の真ん中で、テレビを見ている四人の家族がいた。

男性、女性、子供、子供。

全員の目鼻口の四箇所の位置には黒くぽっかりと穴が空いていた。

直後、部屋の蛍光灯の光が消えた。

暗転したことを確認した秀次は、ゆっくりとドアを閉めた。

「見ましたよね！　見ましたよね！」

「騒ぐなよ。見たよ。四人いたよ。テレビ見てたよ！」

そう水本が答えると、幹太と陽介の二人が表に回って、すぐに戻ってきた。

「この部屋、電気、消えてます」

その言葉を受けて四人で表に回る。確かに今し方ドアを開けた部屋の明かりは消え、中は真っ暗だ。

「おい、部屋の中どうなってんだよ」

「秀次さん、確認して下さいよ」

その声に、秀次が再びドアを開けた。

中は真っ暗で、人の気配はない。懐中電灯で照らすと、天井には蛍光灯すら下がっていない。畳だって上げてある。

「――次の部屋、どうします？」

「やめとこう。さっき変なもの見ちまっただろ。今日はもう帰ることにしようぜ」

「――それで帰ってきたんですけどね、それからもちょくちょくその街道を使ってたんですが、夜に通り掛かると、俺達が開けた端っこの一室だけ、明かりが消えてるんですよ。それって、あっちが俺達のことを覚えているってことじゃないですか」

昼間通りがかっても蔦の絡まった明らかな廃墟で窓ガラスにも穴が空いており、よく見れば屋根も落ちているのだから、夜の姿が明らかにおかしいのだ。

「それから、その道を夜に走るトラック運転手とかとも知り合ったんで、この話をしたんですけど、そんなアパート知らないって言われちゃうんですよ。秀次が何処からそんな話を聞いてきたのか、それもよく分からなくて――だから、俺は今でも、あの夜に行ったのは間違いだったと思ってるんですよね」

水本はその後、当時一緒に活動していた三人のことを教えてくれた。

秀次は、あのアパートの明かりが点いているのが嫌だ嫌だと何度も繰り返した挙げ句に、単身で夜中に出かけたらしい。そして以降連絡が取れなくなってしまった。当時の仲間や同級生に訊いても、全く分からない。

幹太は今も独身で、時々年甲斐もなくバイクで遠出している。

陽介は仕事で県外に引っ越したらしいが、その先で事件を起こして今は伝手が途切れてしまった。

何か変なことがあったのはその一回だけだ。

アパートは五年くらいは残っていたらしいが、その頃には水本は就職してバイクにも乗らなくなっていた。

その街道を通らなくなって四半世紀は経っている。

今はどうなっているかなど、まるで知らないという。

サーペント・ハンドラー

二年前のある夏の晩、眞栄田さんという男性が趣味のドライブをしていたところ、突然、猛烈な尿意に襲われて困ってしまった。

車は九十九折りに曲がりくねった峠道に差し掛かったところだった。

尿意というのは不思議なもので、すぐに放出できないとなると、余計に耐え難く迫ってくる。眞栄田さんはそのうち下腹の辺りにきゅーっと押されるような痛みを感じ始めた。

流石にもう駄目だとなって、車を停めた。

外に出た途端、眞栄田さんの全身を湿っぽい熱気が包んだ。

当然だが、人の気配はない。

停車した車の周囲は辛うじてライトに照らされているが、少しでも離れれば右も左も分からない闇の中に放り出されることになるだろう。

尤も、車から遠ざかる意思など毛頭ない。

眞栄田さんは助手席側に回るとガードレールの前に立ち、ズボンのファスナーを下げた。

暗い。

ガードレールの向こうは緩やかな傾斜になっており、樹木の真っ黒な輪郭が幾本もぼんやりと浮かび上がっている。

怖い。

こうまで闇が深いなら目を閉じていても開けていても変わらない気がするけれど、それでも眞栄田さんは眼前に広がる闇をじっと見つめてしまう。

そのとき下のほうで、ぱきっ、と小枝を踏むような音がした。

眞栄田さんはそちらに視線を向ける。

そこで、彼は硬直した。

眞栄田さんのいる場所から二十メートル程下方、樹々の間に男が立っていた。

男は、全裸だった。

正確には素裸の首元にマフラーのようなものを巻いているように見えた。

その身体はまるで蛍光塗料を塗ったように黄緑色に発光していた。

男は微動だにせず、こちらを見上げている。

何なんだこいつ……と眞栄田さんは驚くよりもむしろ途方に暮れた。

深夜の山中に一人で、それも全身に蛍光塗料を塗りたくった真裸で立ち尽くしているとは、どう考えても尋常の神経の成せる行いではない。

変態か？　それとも……。

無限に続くかに思われた膠着状態を崩したのは、全裸男だった。

男は身を屈め地面に両手を突くと、四つん這いでこちらに駆け上がってきたのだ。

がさがさっ、と踏み散らされた木の葉が激しく音を立て、眞栄田さんはやっと我に返る。

あんな変態だか妖怪だかも定かでないものに捕まったら、何をされるんだか分からない。

眞栄田さんはズボンの前を上げるのも忘れて、車内に飛び込んだ。すぐにドアの鍵を閉め、エンジンを掛けた。

それとほぼ同時だった。

「これ、ガラガラ蛇なんですよね」

後ろから声がした。

えっ？　とバックミラーを見遣った眞栄田さんは絶叫した。

さっきの男が後部座席に座っていた。

至近距離で見て初めて分かったことだが、思っていたよりずっと若い男だった。

子供と見紛うくらいの童顔に、きっちりと整えた短髪。体型もぽっちゃりしていて、幼児をそのまま大きくしたようだった。

全身はやはり黄緑色の塗料に塗れていて、まるで輝けるブロッコリーの化身とでもいった風情だ。

が、最も驚くべきは、その首元に巻かれているものだ。

遠目からではマフラーか何かに見えたそれは、蛇だった。

首に蛇を巻き付けているのだ。

やや赤みがかった茶褐色の体表は幾何学的な縞模様に彩られ、口からはちろちろと真っ黒な舌が覗いている。

「ガラガラ蛇なんですよ、これ」

男が再度言葉を発したその瞬間、あたかもそれが合図であったかのように蛇は口を開き、そして。

男の右頬に咬みついた。

眞栄田さんは思わず、うわっ！　と声を上げてしまう。

けれど当の男は一向に気にする様子もなく、ヘラヘラと弛緩（しかん）した笑みを浮かべている。

「あ、毒もありますよ、普通に」

言っているそばから男の頬は脹れ始め、物凄い速度で変形していく。

それはまるで餅が焼ける映像を早回しで見ているようだったという。

「ふぉら、はらはらへうぃれすはられ、ふぉれ」

呂律(ろれつ)の回らない口調でそんなことを言うと、男の姿は一瞬で掻き消えた。

眞栄田さんはその後はもうずっとスマホをスピーカーモードにし、友人と通話しながら家路を急いだという。

そしてこれは眞栄田さんも取材を受けるまで忘れていたことだったが、実は彼の母方の家系には、毒蛇の咬傷(こうしょう)被害に遭う人物が非常に多いのである。

彼が把握しているだけでも、曽祖父、祖父、伯母、従兄弟と四代続いているというから、流石に何らかの曰く因縁があるのでは？　と邪推したくもなる。

けれどそのことと、眞栄田さんが目撃した「全裸蛍光ガラガラ蛇巻き付け男」との間に、どんな関係があるかは皆目不明だ。

無論、本邦にはガラガラ蛇自体棲息していない。

以下は余談である。

アメリカ南部に多く分布するキリスト教ペンテコステ派の一部には、「サーペント・ハンドラーズ（毒蛇を掴む人々）」と呼ばれる人達がいる。

何故そんな奇妙な呼称かと言えば、彼らは集会でガラガラ蛇などの毒蛇を振り回したり、場合によっては身体に巻き付けたりするのである。

けれどこれもまた眞栄田さんの体験と関連付けるには材料が足りず、類似の域を出ない。

そんな訳で眞栄田さんとしては、単なる幻覚と片付けてしまいたい奇妙な体験なのだが、今でも一人で夜道を運転していると、あのときのことを思い出してバックミラーを覗くのが恐ろしくなるのだそうだ。

昆虫採集

今年三十歳になる和田君が、中学二年生の頃に経験した話である。

当時彼が所属していた理科部は部員が三人しか居らず、大概は放課後に水草や魚の世話をしながら雑談をして過ごすくらいで、あまり実のある活動をしていなかったそうだ。

しかしそんな理科部でも、一年に一度、文化祭では何らかの成果を上げなくてはならない。最低部員構成人数を大幅に割り込んでいることもあり、ここで何某かのアピールができなければ、最終学年を前にして廃部の可能性すらある。四月から部活動顧問となった教員がそう発破を掛けたこともあり、部長の和田君も、漸く重い腰を上げた。

文化祭の話が出たのは七月半ばであり、数日後には夏休みが迫っている。成績が低迷している和田君は、夏休み期間は朝から晩まで、学習塾の夏期講習に通うことが決まっていた。日中、実験や観察に割いている時間はない。

何か良い案はないだろうか。理科部の活動日にそれとなく話題に出したところ、部員の一人がまっすぐ手を挙げた。時田君だった。

「中学の裏山で捕った昆虫を使って、標本展示するのはどうかな」

普段は聞き役に徹する時田君が、珍しく目を輝かせている。時田君は熱心な虫屋だった。

妙案である。悪くない。早速、顧問に提案したところ、二つ返事で了承された。

「裏山の昆虫か。里山研究や地域学習にも繋がるし、良いテーマだな」

教育という観点から見ても、期待できる展示内容らしい。

顧問は意気揚々と、標本製作に必要な虫ピンや展翅（てんし）板、標本箱や消毒用エタノールなどの一式を揃えてくれた。


里山の昆虫とは銘打ったが、昼だけではなく夜の採集も必須である。

時田君曰く、夜の昆虫採集で最も手軽で効果的な方法が灯火採集、所謂（いわゆる）ライトトラップという手法らしい。白いシーツを樹々の間に張り、そこをワークライトで一気に照らす。

父親も熱心な虫屋である時田家には、発電機や投光器など、必要な機材が揃っている。

これらを夕方に裏山へ運び入れて点灯し、夜に集まってきた虫を回収するという流れになった。

光源に虫を集めるという性質上、明かりがなるべくないほうが良い。

自動的に、決行日は新月の日になる。八月某日、夜十時に裏山の入り口で待ち合わせることとなった。

約束の日、和田君は自転車で意気揚々と裏山へ向かっていた。

中学生になり門限の時間は延びたものの、夜十時以降に一人で外出するのは人生で初めてだった。元々、コンビニエンスストアにすら閉店時間があるような田舎町である。夜遊びに憧れはあっても、不良達が集まる場所すらないような土地柄なのだ。

だからこそ、浮き足立って仕方なかった。和田君の両親も、学校で必要なことならば仕方ないと、日を跨(また)がないことを条件に、中学生の深夜外出を許可してくれた。

夜の屋外は、昼の十倍も賑やかな音に満たされている。カエルや虫の大合唱で、自転車のタイヤがアスファルトを擦る音も聞こえないほどだ。山に入るから長袖長ズボンの出で立ちだったが、僅かに肌寒さを覚える気温に夏の終わりを感じて少し切なくなった。

裏山の入り口に到着し、自転車を降りる。

周りには誰もいない。てっきり一番乗りかと思いきや、少し先のところに時田君のマウンテンバイクが横倒しになっていた。どうやら、既に山の中に入っているらしい。待ち合わせ場所は確かに伝えたはずなのだが、逸る気持ちを抑えられなかったのだろう。

時計を見る。午後十時。もう一人の部員は現れない。

少しだけ迷ったが、ここで待っていても仕方がないと考え、時田君と合流することにした。幼い頃から、何度も遊び場としている場所である。目を瞑(つむ)っても辿り着くだろう。

そう侮っていたが、夜の裏山は昼のそれとは全く別の顔をしていた。暗く、重い空気。夕方に俄雨が通ったこともあり、山全体を水に浸したかのような湿度で噎(む)せ返りそうだった。数歩歩くごとに、羽虫が汗をかいた顔に当たる。四方八方から響く虫の声。泥濘(ぬかる)んだ地面。まるで覚めない夢を見ている気持ちになる。

裏山に入って十五分、視界の先にぼんやりとした白い明かりが見えた。目的地である。小走りで駈け寄ってみる。真っ暗闇の中、白く浮かび上がる大判のシーツ。

しかし妙な違和感を覚え、和田君は急いでシーツに近付いた。想定より、大分虫が少ない。殆どが極小サイズの羽虫で、標本にできそうな虫がいないのだ。

もしかしたら、反対側にいるのかもしれない。

そう思って顔を上げたのと同時に、シーツの向かい側に黒い人影が照らし出された。

あ、時田君。

声を掛けようとした瞬間、後ろから誰かが物凄い力で和田君の肩を掴んだ。驚きのあまり、言葉を飲み込み振り返る。

するとそこには、時田君が唇に指を当てて立っていた。

時田君は指をゆっくりと和田君の足元に向ける。指し示す先を見ると、シーツが接地する辺りに、夥しい数の昆虫が死んでいるのが目に入った。

カナブン、クワガタ、クスサン、オオスズメバチ、カミキリムシ。全て頭部がなかった。

「何、これ」

思わず、時田君を振り返って小声で訊ねる。その瞬間だった。

ふと、全ての照明が消えた。

慌てて振り返る。暗闇の中、バリケードのように張ってあったはずのシーツの両端が、結んだ木から解けて落ちている。ただ、両端は確かに解けているのだが、シーツ自体は地面に落ちることなく、浮いていた。和田君と同じ目線の高さ、緩やかな円柱型を保っている。まるで、誰かがシーツをかぶっているかのようだ。

背後からは時田君の荒い呼吸が聞こえる。声を出すことができない。あまりの恐怖に視界が潤んだと同時に、遠くで鳥がギャアッと鳴いた。

途端、ゆっくりとシーツが地面に落ちた。

和田君は弾かれたように走り出した。途中で泥濘に足を取られたが、それでも立ち上がり、全力疾走で裏山の入り口まで戻った。後ろを振り返ることはできなかった。

自転車に飛び乗り、チラリと目線を横に遣る。時田君のマウンテンバイクが目に入る。

しかし、今は彼のことまで考える余裕はない。必死でペダルを踏みしめながら、心の中で時田君に謝るしかなかった。

翌朝、携帯電話を確認すると、あの場にいなかったもう一人の部員から、約束を忘れてしまった旨を謝罪するメールが入っていた。時田君からの連絡はなかった。

置き去りにしてしまった手前、自分から連絡するのも気まずい話だ。時田君からの連絡を待っているうちに、夏休みは一日、また一日と過ぎていく。

今更、どういう顔をして連絡をしたら良いのか。仕方なしに、夏休みの昆虫標本は、手の届く範囲で完成させることとなった。

夏休み明けの最初の部活動、凄い剣幕の顧問に叱られている時田君の姿を目にした。

その日は文化祭用の昆虫標本の提出日だったが、時田君が作ったのは、恐らくあの日に拾っただろう頭のない虫を標本箱にピン留めした代物だった。

「どうしてこんな残酷な遊び方ができるんだ！」

唾を飛ばしながら怒り狂う顧問相手に、時田君はただ暗い顔で俯いていた。

あの晩、自分達がやったことで、変なものを呼び寄せてしまったのかもしれない。

結果、夥しい数の虫が無駄死にしてしまった。

時田君はそのことに責任を感じ、せめて意味のある死に昇華しようとしたのではないか。

「何せ時田君は、虫に関してだけは、本当に本当に、優しい奴だったんだよ」

あの日、黙って叱られ続ける時田君を庇ってやらなかったことを、十五年以上経った今でも、和田君は後悔している。

風信子

五年程前までネイルサロンの店長をしていた小野さんという女性は、激務のために心身のバランスを失し、仕事を辞めた。

それからの数カ月は、通院以外に特に何をするでもなく、ただ毎日ぶらぶらしていた。

当時、小野さんには一種のパトロン的な男がいたから、そう焦って社会復帰をする必要はなかったのである。

そのパトロンは大谷という五十代半ばの、見るからに男性ホルモン過剰な男で、とある水産加工メーカーの二代目社長と聞いていた。

尤もそれが嘘でも本当でも、小野さんには関わり合いのないことではあったのだが。

小野さんが退職すると、大谷はすぐに彼女を自分の所有しているマンションに住まわせようとした。

家賃光熱費に加えて、小遣いも月にこれだけ、と提示された額はサロンの店長時代の収入を幾らか上回るものだった。

小野さんは一も二もなく大谷の提案に乗ることにしたという。

そのマンションは、都内の比較的閑静な地域にある八階建ての物件だった。

大谷は週に一、二度、部屋を訪れては酒を飲み、ときには泊まっていくこともあった。

彼に家族があるのかどうかすら小野さんは知らなかったし、知ろうともしなかった。

異変を感じたのは、マンションに越して一月ばかり経った頃のことだ。

「お姉さん、七〇四号室の人でしょ？」

ある日、小野さんはエントランスで管理人に呼び止められた。

会釈をしたことくらいはあっても、まともに言葉を交わすのは初めてだった。

「はあ、そうですけど」

「あのねえ、幾つか苦情が入っているんだけど、ひょっとして何かお仕事関係とか、もっと言えば集会とか会合とか、そういう目的で部屋を使ってます？」

「えっ、どうしてですか？」

管理人によると、小野さんの部屋から昼夜の別なく複数人の男女の話し声や楽器を鳴らすような音がする、という苦情が寄せられているらしい。

「それだけじゃなくてねえ」

何でも山伏みたいな白装束を着た人達が入れ替わり立ち替わり小野さんの部屋を出入り

しており、気味が悪くて仕方ない、との訴えも出ているのだとか。

彼らの姿は自分も何度か見かけたことがあるから、間違いはあり得ないと、管理人は強く主張する。

そんなことを言われても、小野さんには身に覚えのないことだ。

大体、彼女は週に一度の通院と身の回りの買い物、たまの外食でしか部屋を留守にしない。その隙を狙いすまして何者かが侵入している、というのは流石に無理があるように思われる。

そのように答えたものの、管理人は納得がいっていない様子だった。

以来、小野さんの部屋ではちょくちょく奇妙な出来事が起きるようになった。

具体的には、何者かの視線を感じたり、扉がひとりでに開閉したり、深夜にインターホンが鳴らされたり。

とはいえどれもこれも勘違いで片付けられそうな事象ではある。

大谷に相談したこともあるが、

「家にいる時間が長すぎて、ストレスが溜まってるんだろ？　ジムに行くとか資格の勉強をするとか、そうやって忙しくしていれば気にならなくなるよ」

そんな無難な言葉が返ってくるばかりだった。


最初は風邪を引いた、と思った。

鈍い頭痛と痰絡みの咳。

市販の薬で誤魔化していたが、症状は悪化する一方である。

発熱したような倦怠感があり、緑色をした粘性の鼻水に苦しめられた。

蓄膿症を疑い耳鼻科を受診したものの、「異常なし」と診断された。

処方された漢方薬は気休めにもならず、精神面でも落ち込んでいった。

大谷はそれでもまめまめしく部屋を訪れては、海外通販で買ったと思しきサプリメントやどこそこの霊山の湧き水とかいうミネラルウォーターなどを差し入れてくれるのだった。


ある日、小野さんは心療内科の待合室でうとうとと居眠りをしてしまった。

実際に眠りに落ちた時間はほんの数分に過ぎなかったけれど、その間、彼女は夢を見た。

夢の中で、小野さんは自宅のベッドに仰向けで身を横たえていた。

その胸の上に、一体これは何かの象徴であろうか、一輪のヒヤシンスと大きな裁ち鋏(たちばさみ)が置かれている。

彼女の周囲には、無数の白い影法師みたいなものがいた。

それらは右に左に、メトロノームを髣髴とさせる動きで揺れながら、聞いたことのない言葉で、讃美歌のような歌を口ずさんでいる。

そんな様子を、小野さんは部屋の天井辺りから俯瞰で眺めているのだ。

幽体離脱ってこんな感じかもな、とぼんやり考えた。

すると突然、部屋の隅に置かれたクローゼットの扉が音もなく開いて、中から一人の少年が姿を現した。

白い半袖シャツにジーンズを身に着けた、細身の、中性的な少年だった。

彼はカクカクとまるで現代舞踊か何かのような動きでベッドに近付くと、小野さんの上半身に覆い被さった。

「ありがとう……」

宙に浮いているはずの小野さんの耳元で、湿っぽい声が聞こえた。

「ありがとう。僕、あなたと二人、ここでもう一度咲いてみるからね」

そこで目が覚めた。

耳朶には吐息の生温かさが残っている。

胸騒ぎを感じた小野さんは帰宅後、すぐにクローゼットの中を調べてみた。

すると暫く着ていないワンピースの胸ポケットから、朽ちかけた薄紫のヒヤシンスの花弁が数枚、ぽろぽろと零れ落ちたそうだ。


小野さんはすぐに大谷に電話を掛けた。

この部屋にはもういられないし、関係も解消したい。

そう伝えたところ、大谷は酷く狼狽した様子だった。

「ダメだ、ダメだよ。これは約束なんだから。最後まで付き合ってくれないと、何もかも俺の責任ってことになってしまうでしょ？　俺の人生、枯れるにはまだ早いんだって。君もそう思うだろ、ね？」

そんな言い訳とも開き直りとも付かないことをねちねちと言い募る。

うんざりした小野さんは着の身着のまま部屋を出て、隣県にある実家に帰ってしまった。

例の花弁は何故かそうしなければという思いに駆られ、ライターで焼き捨てた。

大谷からの電話やメッセージは全て無視した。

それでも不安なのでたまにこっそりと彼のＳＮＳを覗いていたが、

『悲しみを越えた愛の先に夜が訪れます』

『嫉妬とはひたむきな無分別』

『風酔いの円盤が紫色の別離に染まる』


いつしか大谷は意味不明なポエムのような投稿を繰り返すようになり、胡散臭いスピリチュアル系インフルエンサーと親しげにやり取りをしている様子も目に付き始めた。

現在、大谷のアカウントは更新を停止して久しい。

最後の投稿は、紫色に鬱血しパンパンに膨れ上がった彼自身の両足の写真である。

伝言

大輝君が高校の同級生と二人で、とあるテーマパークへ行ったときの話である。

その日は高校の創立記念日だったため、施設はほぼ貸し切り状態だった。

思う存分アトラクションを楽しんでいたものの、流石に連続でジェットコースターに乗ったため、大輝君は乗り物酔いになってしまった。目を閉じていても、視界がぐらぐらと回っている気がするし、妙な浮遊感もある。立っていることも難しく、ベンチへと沈みこんだ。

「大輝は休憩してなよ。俺、酔い止め薬が売っているか、見てくるから」

親切な友人は、ぐったりとした大輝君を残し、売店へと走っていく。その言葉に甘えて、大輝君はベンチで目を瞑り、じっと休憩していた。

五分ほど過ぎた頃だろうか。ふと、誰かが自分の前に立っている気配がし、目を開けた。

緑色の制服に身を包んだ中年女性が、中腰で大輝君を覗き込んでいる。

ギョッとして、飛び上がりかけた。てっきり友人が戻ってきたものだと考えていたのだ。

中年女性は大輝君が目を開けるのを待っていたかのように、にっこりと微笑む。

爬虫類を思わせるような、丸くて黒い瞳。保険勧誘かと思えば、テーマパークの名札が付いている。従業員のようだ。

「大丈夫ですか」

語尾が伸びた、甘ったるい話し方が少しだけ気に障る。どうやら、具合が悪そうにしていた彼を心配してくれたようだ。

大輝君は、気まずそうな顔をしながら、会釈で返す。

「大輝君ですよね。伝言があります」

女性の意外な言葉に、大輝君は眉を顰(ひそ)める。

伝言。

もしかしたら、飲み物を買いに行っている友人からのものだろうか。

立ち上がろうとする大輝君を制し、女性は膝を折った。

「部活動のときに遭った怪我は、もう大丈夫?」

呆気に取られて言葉を失った大輝君に、もう一度女性は同じ言葉を繰り返す。

「あ。はい。大丈夫っす」

反射的に応えてしまったが、部活動の怪我に関しては、確かに思い当たる節があった。

一年前、バスケットボールの試合で膝の前十字靭帯(じんたい)を損傷し、そのまま部活動を引退していたのだ。

幸い、手術とリハビリテーションのお陰で大分回復傾向にあり、バスケットボールも大学進学後からは再開できそうだった。

しかし、何故それをこの女性が知っているのか。

「そっか。それと、大学の指定校推薦決まってよかったね」

女性は少しも表情を変えず、続ける。

「お母さんの機嫌が悪いのは、更年期もあるからね。労ってやってね」

「庭の椿がもち病になってしまうから、納屋にある石灰を撒いておいて」

「お小遣いが足りないなら、本棚の「青い馬」って本の中にへそくりがあるよ」

矢継ぎ早に伝えられる「伝言」の内容に、大輝君も面食らった。

「あの、これって誰からの言付けなんですか」

当惑した表情で問いかける彼に、女性は涼しい顔で答えた。

「お父様からです」

その回答に、大輝君の顔色が一気に赤くなる。

怒りで全身がわなわなと震える。

「俺の親父、十年も前に死んでいるんですけど」

語気も荒くそう告げると、女性はさも面白いことを聞いたとでもいうように、軽やかな笑い声を上げる。

「この後、顔が半分潰れるから今のうちに彼女作っておけ、ですって」

最後にそう言い放つと、さっさと踵(きびす)を返し、雑踏の中に紛れてしまった。


暫くは放心していた大輝君だったが、友人が水と酔い止め薬を持って戻ってきたところで、漸く怒りが沸々と込み上げてきた。

一部始終を聞かされた友人も同じく憤慨し、近くの従業員を捕まえ、怒りに任せて責任者を連れてくるように告げる。

しかし、二人の訴えを聞かされた従業員は、あからさまに困惑した表情だった。

「お客様が仰った特徴の制服は、既に十年も前に廃止になっています」

加えて、漢字で「牛頭」と書く名前のスタッフはいない上、外国人観光客のためにも、従業員の名前はアルファベット表記であることも併せて伝えられた。

結局、その後は盛り上がりに欠けてしまい、二、三アトラクションには乗ったものの、釈然としないまま家路に就いた。

苛々に任せて荷物を放り投げ、ベッドに横になる。

チラリと視線を遣ると、本棚が目に入った。亡くなった父親の部屋は、今、大輝君の部屋となっている。

しかし、読書家であった父親の本は全く手付かずのまま、ほったらかしにしてあった。

何げなく背表紙を目で追っていると、「青い馬」の文字が飛び込んできた。

思わず飛び起き、その本を引き抜く。

パラパラとページを手繰っていると、中から旧一万円札がひらひらと舞い落ちてきた。

お小遣い。

あの中年女性の言葉が蘇ってくる。

慌てて拾った紙幣の右隅には、小さく「許してくれ」と鉛筆書きがされていた。

次

母親が癌で病院に入っている。もう二カ月以上も家には帰ってきていない。

闘病はもう五年以上続いている。その最後の時期にあるということは理解している。

きっと、このまま家には戻れないのだろう。

ステージ4。末期だ。

余命は短ければ二カ月以内。長くても半年。

きっと今年の夏は越せないだろう。

夏か――。

やるせない気持ちはあるが、自分が見送る側というのは救われる。なぜなら、自分が両親に見送られる側なのではないかという気持ちが、この十年以上の間続いているからだ。

根拠がある訳ではない。

このところずっと、健康診断の数値は緩やかに悪化しているが、それは仕事が忙しいせいなのだろうし、色々と片付いた後できっとまた取り戻せるに違いない。

ここ最近は、病院に見舞いに行くことが増えた。父親は実家から毎日通っているので、ほぼ毎度顔を合わせることになる。きっとこれも親孝行だろう。

病院までは普段使わないバスの路線を使う。自宅から徒歩で十分程行ったところにある停留所からバスに揺られて三十分。到着した駅から更に、見舞いに行くときだけ使うようになった私鉄に乗り換えて二十分。そこからは徒歩だ。

結局待ち時間を含めて、片道一時間以上掛かる。

午前休午後休を繰り返しているが、会社側の理解があって助かっている。


ある日、病院に見舞いに行く途中のバス停で、奇妙な老婆に会った。

身長が小学三、四年生ほどしかない。自分よりも先にバス停にいるのだから、恐らく並んでいるのだろうが、歩道の壁側に立っているので、並んでいるのか並んでいないのか、やや中途半端だ。

まるでバスから降りてくる誰かを出迎えるような位置関係にも思えた。そこでずっと独り言を言っている。

自分が並ぶ前からそうしているのだから、恐らくは精神的な病か何かを抱えているのだろう。

そう判断して最初は無視していた。だが、老婆はどうやらこちらに向かって話しかけているようにも思われた。

「次は……番だ」

途中が聞き取れない。しかし、こちらから聞き返すのも何か違うだろう。

暫くそうしていると、バスが来た。

老婆は乗らないようなので、開いたドアからバスに乗り込む。

「次はお前の番だ。次はお前の番だ。次はお前の——」

延々とそう言っているのが聞き取れた。振り返ると、今し方、そこにいたはずの老婆の姿はもうなかった。


病院に到着すると、既に父親が病室に来ていた。

「昼飯食いに行くか？」

どうも彼はまだ食事を摂っていないらしい。言われてみれば、自分も今日は朝から飲み物しか口にしていなかった。

母親に食事に行ってくると告げて病院の外に出る。もうずっと見舞いに通っているので、病院の周囲の様子は了解している。

一番近いのは中華料理のチェーン店だ。父親と特に相談した訳でもないが、二人ともそちらに向かって歩く。

店舗で食事を終えた後で、父親が言った。

「朝、変な婆さんが来たんだ」

「家にかい」

実家は遠い昔に商売をしていた。恐らく近隣の店舗と間違えたのではないかと父親は言った。

「その婆さんがさ、次はお前じゃないって、変なことを言ったんだ」

お前じゃない、というのはよく分からない。

「そういや俺も変な婆さんに会ったよ。ほら、うちから病院まで来るのにバスに乗るじゃない。そのバス停でさ」

先程のことを説明する。

「気持ち悪いな」

父親も何か思うところがあったようだ。

次はお前じゃない。

次はお前だ。

対応しているのかただの偶然なのか。

昼食は残さず食べたが、そんなことを考えていたので、味はよく分からなかった。

食後、仕事に行く前に一度病院に戻った。

この二カ月、母親は個室で過ごしている。

その個室の入り口に先程の老婆が立っていた。

「次はお前。こっちは違う」

自分のことを指差して、はっきりとそう告げると、その場で姿を消した。

「どうした？」

ドアの前で立ち止まった自分を見て、父親が声を掛けてきた。

「疲れてるのかも。ちょっと立ちくらみがして」

「顔色もあまり良くないな。大事にしろ」

老父に心配されてしまったなと反省しながら母親の個室に入る。

室内に用意されている丸椅子に座る。

母親は寝ていたので、父親も自分も起こさないようにじっと座ったまま母親の様子を見守る。

そのとき、視線を感じた。

個室の天井に、先程の老婆の首が張り付いている。

次

「次に死ぬのは、お前。母親ではない。父親でもない。お前だ」

首はダメ押しのようにそう告げて消えた。

「――俺、会社に行くよ」

「ああ」

病室を出る時に、背中越しに「しっかり養生しろ」と父親の声が聞こえた。

そうだな。養生しよう。

父親には軽く手を挙げて応えた。


そこから半年が経った。母親は経過が良く、最近は顔色もいい。

例の老婆の予言じみたものについては、日々が忙しく、もう忘れてしまっていた。

別に何か起きた訳でもないし、あれから自分の体調にも特に問題がある訳でもなかった。

母親の最後に、何かできることはないかと、音楽プレイヤーに彼女が若い頃に聞いたであろう曲を山ほど入れて差し入れた。気に入ったのか、最近はずっとヘッドフォンをして曲を聴いている。

父親は毎日病院に通っていたが、最近は体力が落ちたのか、休む日もある。そんな日は自分が見舞いに行く。

ある日、病室に行くと父親がいた。母親も調子がいいのか、上半身を起こして自分を出迎えてくれた。

「今日は調子がいいみたいだね」

「そうね。少しいいみたい」

調子が良いと言っている母親を見て、嬉しくなる。

病室を出る前に、これから少し仕事が忙しくなるから、来られる回数が減るかもしれないと二人に伝えた。

両親は笑顔で頷いた。

「頑張ってね」

「あの、次って奴な。俺達が持っていくから、お前は安心して自分の仕事をしなさい」

――次？　次って何だっけか。

会社に向かう列車の中で、半年前の老婆の顔を思い出した。

そこから母親の容体が急変して、亡くなるのに一週間と掛からなかった。

更に、父親も母親の葬儀の翌日に心筋梗塞で倒れた。

結局両親が同時期に亡くなってしまったことになる。

後で色々と聞いた話によると、父親は各所を奔走し、何とかして息子の命を救おうとしてくれたらしい。

両親の葬儀が済んだ後で、独り身で暮らしていた自宅は引き払い、実家に戻った。

恐らくあのバス停を使うことは今後二度とないだろう。

あの老婆は今のところ自分の前に再び姿を現していない。

人型二題

栄川さんが以前の会社に就職したばかりの頃、給湯室で珈琲を淹れていたら背後に誰かが立つ気配があった。

その誰かは何かを探しているのか、彼女の背後でゴソゴソと棚の中を掻き回しているようだ。

「お疲れ様でぇす」

言いながら背後を振り向くと、そこに丁度栄川さんと同じくらいの背格好をした女性が立っていた。

彼女の「お疲れ様」にも応じることなく、背筋をピンと伸ばして、けれど両腕は不自然に折り曲げたポーズでこちらに背を向けている。

無視かよ、と些かムッとした栄川さんは、

「お疲れ様でっす！」

と今度は必要以上に声を張り上げ、女性の顔を覗き込んだのだという。

一瞬、何が何だか分からずに硬直してしまった。

そこに立っていたのは女性のマネキンだったのだ。

唖然とする栄川さんの眼前で、マネキンの首がゆっくりと傾いた。

「……オお……ッかれェ……ざ゛うァ……」

マネキンから絞り出すような掠れ声が聞こえた。

直後、マネキンは栄川さんに凭れ掛かるように倒れてきたそうだ。

それで栄川さんはキーキーと言葉にならない金切り声を上げながらオフィスに戻ったのだが、他の社員達はそんな彼女の様子にも驚くことなく、黙々と仕事を続けている。

奥のデスクから、係長がちょいちょいと手招きしていた。

「恐らくはあなたが見たようなものを見たと訴える方が、一年のうち、二、三名はおります。但しこの職場にはマネキンなんてございません。また、そんなものが口を利くなどということは断じてあり得ません。ということは、あなたが見たものは現実には存在しないと考えるほかないのですし、近いうちにあなたの身に降りかかる事態にも、会社としては一切の責任を負いかねます」

台本を読みあげるような棒読みでそう言って、にっこりと微笑んだ係長の右目を覆い隠す眼帯の意味を何となく察した栄川さんは、数日後、人家の塀から飛び出していた柿の木の枝で左目を傷つけた。

不幸中の幸いで失明は免れたものの、左目の視力は極端に下がってしまった。

三年間の在職中、栄川さんは給湯室にだけは二度と足を踏み入れなかった。

けれどその間、職場内で眼の病や怪我に見舞われた社員の数は十指に収まらないはずだ、と栄川さんは語った。

＊

スタートアップ企業の代表をしているつばささんという女性が、ある夏の深夜、コンビニにアイスと煙草を買いに行った。

彼女が住んでいるのは川沿いに建てられたタワーマンションで、コンビニまでは四、五分の道のりである。

買い物を済ませたつばささんが、近所の公園の前を通ったときだ。

公園のベンチに小柄な男性が腰掛けているのが目に入った。

彼女にはそれが、数年前に亡くなった父方の伯父に見えたそうだ。

普通ならそんな行動を取ることはあり得ない。けれどそのときに限って、何故だか抑え難い懐かしさに駆られたつばさは、まるで「何かに誘い込まれるように」ふらふらと公園の中に足を踏み入れた。

「伯父さん……」

ベンチの前まで近付いた彼女は、そう声を掛けた。

なのだが、よく見るとそこに座っていたのは、遊園地のアトラクションにあるような人形だったという。

物凄く精巧にできた人形だった。七三分けにした髪型も、鼻の横にある干し葡萄のようなほくろも、つばささんの記憶に残る伯父さんそのものだった。

襟のややくたびれたグレーのポロシャツにだぼだぼの黒いズボン、茶色の革靴という服装までも、生前の伯父が身に着けていそうなものばかりだ。

どうしてこんなところに伯父さんの人形が置いてあるんだろう。

つばささんは暫し立ち尽くし、その人形を眺めていたが、そのうちに周囲がギャーギャーと何やら騒がしくなってきた。

顔を上げて驚いた。

つばささんの頭上を、深夜だというのに無数のカラスが旋回しているのだ。

その様子に不吉なものを感じ、彼女は後ろ髪を引かれつつも公園を後にした。

帰宅し、コンビニのレジ袋を確認したところ、中ではアイスがでろでろに溶けていた。

どういう訳か、つばささんが家を出てから三時間近くが経過していた。公園であの人形と向かい合っていた時間は、体感にして五分かそこらだったはずなのに。

寝室から同居している彼氏が出てきて、

「滅茶苦茶に怖い夢を見たんだけど……」

とそう訴えた。

寝ていたら鍵を掛けたはずの窓がスーッと開き、見知らぬ男が部屋に入ってきた。そうして筋張った手で彼の首をぐいぐい絞め付ける。

その間、男は低い声で、つばささんの名前を何度も繰り返し呟いていた。

そんな夢だったという。

つばささんの部屋はマンションの二十五階であるから、現実に起きたこととは思えない。ならばただの夢、と割り切るほかないが、彼の話をうわの空で聞きながら、つばささんには、彼の首を絞めたその男とは自分の伯父さんか、あるいは伯父さんによく似たあの人形だったのではあるまいか、という気がしてならなかった。

後日、里帰りをした際にその話をしてみると、

「伯父さんは昔からお前を可愛がっていたから……」

そんなことを言って、両親は意味深な目配せを交わし合っていた。

だからつばささんは、この様子では何を訊いても真相は分かるまい、と追求はしていないし、奥歯に物が挟まったような感情を今も抱き続けている

冷猫

山田さんという四十代後半の女性から聞いた話。

週末のことだった。昼過ぎまで寝た後で、シャワーを浴びたのだという。

曖昧だった意識が、熱い水滴で少しずつはっきりしてくる。

最近仕事が立て込んでいて、なかなか時間を取れずに、自身のメンテナンスもできなかった。

鏡には、年相応に崩れ始めた肉体が映っている。

年相応におばさんだなぁとは思うが、特にそれで心が波打つことはない。老化は人それぞれ必ず訪れるのだ。それより更年期の症状のほうが心身ともに厳しい。

――婦人科にも行かないとなぁ。

風呂から上がろうと浴室のドアを開け放ち、バスタオルに手を伸ばそうとした。そのとき、半開きの脱衣所の扉の外を歩いていく黒猫と目があった。緑色の瞳をした尻尾の長い綺麗な猫だ。

山田さんはマンションの上層階で一人暮らしをしている。羽虫だって窓から入り込まないし、そもそも害虫も出ない。だから、常識的に考えて、猫が部屋に入り込んでくるなどということは、あり得ないのだ。

一体この猫は何処から入り込んできたのだろうと疑問に思ったその瞬間に、猫が人語を口にした。

「あ、バレた。また来る」

悪びれない口調は人間の老人のもののように思えた。

猫はぷいと視線を外し、玄関方面に去っていった。

山田さんはバスタオルを手に猫を追ったが、もう黒猫の姿はなかった。

人語を喋る猫などいない。

当たり前の話だ。だから見間違いや何かの錯覚のようなものだろうとは思おうとした。

だが、姿だけではなく声まで放つ錯覚とは何だ。

念のためにバスタオルを巻いたまま玄関まで確認しに行ったが、当然のことながら黒猫の痕跡はなかったし、ドアもきちんと閉められて施錠もされていた。

シャワーを浴びる前にトイレに行きがてら一度確認しているので、それは確実だ。

窓も全て閉まっているし、何かが入り込む余地はない。

――また来るって言ったよね。

だが、翌週からも仕事は忙しく、いつの間にか猫のことは忘れていた。

半年ほど経った頃に、会社で定期健康診断があった。四十歳になってからは、毎年癌検診もセットになっている。そこで乳癌が見つかった。

考えてみれば、エコーの技師が、左側ばかりをやたらと気にして、右の何倍かの時間を掛けていたのが引っかかっていた。だが、医師から腫瘍があると言われ、生検のためにサンプルを取得する、と言われるまでは何処か他人事の自分がいた。

だが、乳癌だと明言された瞬間に、頭の中が真っ白になった。

ステージ3。今すぐ手術を含めた治療を始めなくてはならない。そういう説明だった。

確かに母親も癌で早逝している。だから、自分も癌の体質があるのだろうとは思っていたが、四十代でも発病するものなのか――。

「今、仕事が忙しいんで、もうちょっと後になりませんか――」

そう言ってから、自分は何て間抜けなことを言っているのだろうかと気が付いた。医者は眉一つ動かさずに山田さんに告げた。

「最悪、命に関わりますよ」

悪いことに、癌のすぐ横にリンパが通っている。それに乗って、既に小さな癌が全身に散っている。そうして転移した先で癌が育っている段階だという。

全身に目に見えない癌が広がっている状態がステージ3だ。

そのとき、診察室の引き戸が、スッと開いたような気がした。

山田さんはそちらに視線を向けた。

拳一つほど開いた隙間で、緑の瞳をした黒猫が嗤(わら)いながら見上げていた。


紹介状を書いてもらい、あれよあれよという間に大学病院で手術を受けることになった。

手術は無事成功し、乳房から癌は切除されたが、既に全身に散っている。

それは抗がん剤治療で抑えるという説明を受けた。

抗がん剤治療を始めて、すぐに髪の毛が抜けた。今はウィッグなしに人前に出られない。

診察のための待合室には、自分と同じくらいかもっと若い女性が並んでいる。

やりきれない。

こんなに若い人たちが抗がん剤治療をしている。つまりステージ3以上ということだ。

その誰もが髪が全て抜けて、「優しい帽子」と言われるニット帽を被っている。

そしてその待合室にも、黒猫が現れた。椅子の下からこちらを見上げて、口の端を上げて嗤った。

あの黒猫は何なのだろう。

最初のとき以来、人語を喋ったりはしないのだが、猫が現れるはずのないところに姿を見せる。

だから幻覚なのだろう。ストレスで脳が見せているのだ。

そう思い込もうとしたが、ある夜、胸の上に何か重いものが載っているのに気が付いて目が覚めた。

何が載っているのだろう。

手を伸ばすと、ひんやりとして、滑らかな毛の生えたものが自分の上で丸まっていた。

驚いてガバリと布団を捲り、上半身を起こす。

「また来た」

あの老人の声。

黒猫だ。

真っ暗な部屋に黒猫は溶け込んで、見ることはできない。

今し方触った毛の感触が、指先に残っている。

山田さんは朝まで眠れなかった。

「猫は――今も来るんですよ」

冷たい冷たい身体で布団の中に入ってくるという。そして、その冷たい身体が、山田さんの体温を奪っていくのだという。

最近は慣れてしまったのか、感覚がおかしいのか、そこまで気持ち悪いとは思えなくなってしまった。

冷たい冷たい、よく冷えた――猫。

「あの猫は何なんでしょう。猫のせいだとは言いませんけど、猫が来る度に数値が悪化してるんですよね――」

山田さんは既に両親を亡くし、兄弟もいない。

独り身だ。

結婚には興味はあったが、今はどちらでもいいと考えている。

そして現在は、だんだんとものを減らしていくことに意識が向いているという。

所謂、断捨離(だんしゃり)。それを彼女は終活だという。

まだ四十代。若い。終活という言葉が出てくるのが意外だった。

闘病は続いているが、決して悲観するような未来ではないのではないか。

だが、山田さんは断捨離を続けるという。

「私の若い頃って、結構おひとりさまがもて囃される時代でさ。女は一人で生きていけないといけない、みたいな感じだったの。でもお一人様ってさ、そのままだと孤独死するってことじゃない。病院に入って死ぬにしたって、誰もあたしが死んだ後に、部屋を片付けてくれる訳じゃないし。管理会社が人雇って清掃するんだろうけど、そのときだって荷物が少ないほうがいいと思うんですよ。これから結婚するにしたって、何かそういう打算みたいなものが透けて見えると格好悪いし――」

猫は今も来る。

そういえば一度もにゃあと鳴く場面を見たことはない。

ルート

保科さんという猟師の方から伺った話である。

彼は所謂「単独忍び」というスタイルで狩猟をしている方で、犬も伴わず、最小限の荷物だけを持って単身入山している。単独行動を取ることは人間関係の煩わしさからの解放や猟の手順一切を自己決定できる楽しさがある一方で、山の中での立場はなかなか難しいものがある。

山の中には、実に色々な人がいる。

巻狩りを行っている狩猟者や、林業関係者、登山客やオフロードツーリングをしているバイク集団、以前はエアガンを手にサバイバルゲームをしている若者達も見かけた。

一般人がいる場所では、発砲できない。しかし狩猟に適している場所は、巻狩りをしている狩猟者達が陣取っている。普段から他の狩猟者と交流がない分、このようなときには肩身の狭い思いをしてしまう。どうにも狩り場が被るのだけは避けたい。

その結果、保科さんはなかなか人が入れないような山の奥で狩猟をするのが常となっていた。

その日も彼は、沢の近くの木に身体を預け、身を潜め、猪がやってくるのをひたすら待っていた。

獣達は山の中を縦横無尽に走り回っている訳ではなく、合理的なルートがある。

歩きやすい道が、なるべくして獣道になる。

幾つもの獣道が交差している場所にある水場がその沢であり、保科さんは何度もこの場所で猟果を上げていた。獣達が食糧を確保できる場所は無限の候補があるものの、飲み水の場所は限られている。広くも狭い山中、待っていれば必ずこの場所にやってくるのだ。

単独忍び猟は身一つで獲物を持って帰らなければならない都合上、獲る対象を厳選しなければならない。最低でも角の立派な牡鹿、できれば猪を獲りたい。そんな思いを抱えながら、じりじりと獲物を待っているときだった。

突然、笑い声が聞こえた。

はははは、と、如何にも楽しそうな男性の笑い声だった。

保科さんは冷水を全身に浴びせられたように硬直した。あり得ない。

この場所は林道から急峻（きゅうしゅん）な道を登って四時間ほど歩いた先にある場所だ。他にアクセスする方法はない。キョロキョロと見回すと、今度は上のほうから女性と戯れあう声が響いたかと思うと、パラパラと砂利が降ってきた。沢の上に、誰かいる。

思わず身体を預けていた木の根元にしゃがみ込み、息を殺す。心臓が破裂せんばかりに早鐘を打っている。パキパキと枝を踏み折るような音とともに、和やかに談笑する男女の声がだんだんと近付いてくる。

あり得ないのだ。

「忍び」猟というくらいだから、静かに耳を澄まして獲物を待つ狩猟スタイルである。遠くで鳴くシカの声や、小動物が蹴る落ち葉の音まで余さず聞き漏らさないのが、忍びの鉄則である。それが、突然ボリュームを上げたかのように人の気配が濃厚になった。

時計を見る。午後一時。まだ日は高く、日没までは五時間以上ある。

戦々恐々とする保科さんを余所に、声の主はあっさりと姿を現した。

六十代くらいの男女二人組。会話の内容から、どうやら夫婦のようである。笑い、戯れあいながら、危うい足取りで沢の向こうを下りていく。

「ちょっとちょっと、危ないよ」

思わず、声を掛けてしまった。驚いたように振り返る二人。今更ながら、自身のお節介を後悔するも、関わってしまったのだからと仕方なく銃をしまって近付く。

見れば見るほど、普通の登山客のようである。お揃いの白いマウンテンハットを被り、男性が蛍光グリーン、女性が蛍光イエローのウィンドブレーカーを着ている。突然山の中で声を掛けられたため当惑した表情を浮かべているが、口元には弱々しい笑みを浮かべている。それだけで、人の好さが窺えた。

どう見ても、生きている人間である。

そうだとすれば、この距離になるまで保科さんが二人の気配に気付かなかったことになる。しかし、そんなことはあり得ない。獣よりも無遠慮な人間の気配にすら気付けないようでは、忍び猟は疎か、猟師としての矜持や素質に関わる問題である。

困惑する保科さんを余所に、男女二人組は相変わらず覚束ない足取りで、沢の石を乗り越えながらやってきた。

「こんにちは。猟師さんですか。お騒がせしてすみません」

保科さんの装いを見て判断したのか、女性のほうがペコリと頭を下げる。

「いや。そこに関しては、問題ありません。あなた達、あの沢を下りてきたんですか」

そう訊ねると、二人して気の良さそうな笑顔で「そうなんです」と頷く。

「実は私達、北尾根のところで登山道を逸れてしまったんです。でも、そこで木を刈っていた親切な方が、この古い地図をくれて、ショートカットコースを教えてくれたんですよ。人が入らないから少し荒れているけど、沢沿いにルートが取れるからって」

そう言って差し出された地図は、二人の言うように、確かに随分古いものだった。女性の言う通り、青で記された登山道とは別に、赤色の線でもう一つの道が示されている。しかし。保科さんは自身の持ち物である国土地理院発行の地図と見比べる。手元の地図を見る限り、そんな道は見当たらない。

「このまま進んでいくのは危険ですよ。引き返すか、別のルートを取りましょう」

「でも、もう随分下りてきちゃったしな。今更戻ると言っても、どうしていいやら」

そう困ったように笑う男性を見て、保科さんの背中に冷たい汗が流れた。

改めて地図を確認する。赤いルートの途中には、落差十メートル以上の滝があったはずだ。見る限り、登攀装具も技術もなさそうな二人が、どうやってあの滝をやり過ごせたのだろう。

恐怖で固まっている保科さんを余所に、二人はいそいそと地図を回収すると、挨拶もそこそこに立ち去ろうとする。冗談じゃない。この先に、道はない。

荷物を持って、二人を追いかけようと一瞬目を離したときだった。もう既に二人の姿は消えていた。穏やかなブナ林の中である。見失うはずがなかった。慌てて辺りを見回す。いない。ものの数秒前まで楽しそうに談笑していたはずなのに、その声もしない。山の中は、急に色彩を欠いたかのように森閑としていた。

山を下りた後、念のため遭難者の話が出ているかと訊きまわったが、そんな話はないという。結局、保科さんの見間違いということで、そのときは随分納得のできない幕引きとなってしまった。

しかしその出来事から数年経った後、あの山中で出会った夫婦の続報を聞くこととなる。

ある夜、保科さんは地元の居酒屋で見慣れない顔の青年を見つけ、声を掛けた。

その青年は全国の山を回りながらシャワークライミングや滝の登攀に挑戦することを趣味としており、偶然その居酒屋に立ち寄ったとのことだった。元来人好きする性格であろう青年に好感を抱いた保科さんは、酒を御馳走するという名目で、彼と一緒にグラスを飲み交わすことにした。

ジャンルこそ違うが、山に魅せられた者同士、話が弾む。大分酒も進んでいった。

「あの、つかぬ事をお伺いしますが、ここの山って幽霊の目撃情報ってありますか」

青年はグラスを置いて保科さんに向き直ると、急に真面目な顔で意外なことを言い出した。先程まで、死をも恐れぬ勇敢な登攀体験を話していたとは思えない発言に、保科さんは拍子抜けした気持ちになる。

「幽霊って、そりゃあ登山客に人気な場所だから、多少は聞くけどな」

保科さんの言葉に、青年は難しい顔をして黙り込む。たっぷり五分ほど沈黙した後、笑わないで聞いて下さいと前置きをした上で、声を潜めた。

「俺、実はこの辺りの山で何度か見ているんです。同じ二人。緑と黄色のパーカーの男女」

彼の言葉に、どきりと心臓が跳ねた。封印した記憶が、栓を抜いたように溢れ出す。

「絶対に登攀技術を持っている人じゃないとクリアできないような滝を、易々と抜けていく。いつも下っていくんです。談笑しながら、まるで散歩でもするように」

そう言うと、青年はブルッと身体を震わせた。

「俺、今日とうとう話しかけちゃったんです。その人たちに」

堪らず、保科さんは青年の腕を掴んだ。

「六十くらいの男女だろ。白いマウンテンハットの！」

あの日の出来事が、まるで昨日体験したかのように溢れてきた。人も入れないような奥山の道なき道を行く、男女二人組。あの日の体験は、夢ではなかった。

「あんたも、あの二人に地図を見せられたんじゃないか。青いルートと、赤いルートのやつ。赤いルートのほうをショートカットコースだって山の人間に教えられて、その通りに辿っていると言っていたんだ」

一息でそう告げると、青年はハッとした表情で息を呑んだ。

「ああ、そうか。はい、仰る通りです。地図を見せられ『ここに向かっている』と言われました。山の人の言う通りに辿ってきたって。赤い道を行けば、自ずと行き着くから、と。でも、俺が見たその紙は既に風化してボロボロに白茶けていて、地図なんか見えなかった。赤い部分しか読めなかったんです。そうか、あれはルートだったんですね」

そう言って、青年はグラスの汗を指に取り、テーブルの上に文字を書いた。

「俺には紙のど真ん中に、赤い字で、こう書いてあるように見えたんです」

カウンターテーブルには、青年の書いた「了」という文字が照明に照らされ、ぬらぬらと光っていた。

血の海

樋口さんは八月の炎天下にティッシュ配りのアルバイトをしていて、熱中症になったことがある。

暑いなあと思っているうちはまだ良かった。

気付いたら汗が出なくなり、次第に頭が朦朧(もうろう)としてきたので、これは駄目だ、と駅前広場のベンチに腰掛けた。

そうして自販機で買ったスポーツドリンクを飲んでいたのだが、いつしか彼は意識を失ってしまう。

「……だから、そこでセップクしたんだ。台所から包丁持ってきて」

「痛かったろうなあ」

「当たり前だけど、血が沢山出てね、ゾーモツなんかもはみ出しちゃって」

「嫌だったろうなあ」

隣でそんな話し声がして、樋口さんは目を覚ました。

声から察するに、恐らくは若い男性二人の会話である。

何やら剣呑（けんのん）な話題で盛り上がっていることは分かったものの、目を開けるのも億劫（おっくう）でそのまま座っていた。

「それでもなかなか死ねなくて、家中を這いずり回ったんだな」

「苦しかったろうなあ」

「見つかったときは、まるで血の海で溺れていたみたいだったらしいよ」

「怖かっただろうなあ」

「そうそう、そんなふうにして最後の時間を過ごしたもんだから」

「ユーレイにもなるよなあ」

最後の言葉を聞いた樋口さんはハッとして顔を上げた。

声のしたほうに視線を遣ったところ、雨が降った訳でもないのに隣のベンチがぐっしょりと濡れていた。

その日の夕刻、樋口さんの元に実家の母から電話があった。

父が自殺したのだ。

昔から心身のバランスを崩し易い人だったが、ここ最近は、抑鬱と睡眠障害、食欲減退といった症状に苦しんでいたらしい。

樋口さんは二年程帰省しておらず、父がそんな状態にあったことを全く知らなかった。知っていたからといって、何ができた訳でもないのだけれど。

死因は腹部外傷による失血死。

母が外出している隙に台所から包丁を持ち出し、自らの腹に突き刺したのである。

切腹を図ったものと思われるが、簡単には死に至ることができず、苦し紛れに家中を這い回った形跡があった。

母が帰宅したときには家中が「血の海」のような有様で、父は何故か便所の戸に手を掛けた状態で絶命していた。

そんなことがあって、現在、樋口さんは実家に戻り、母と二人で慎ましく生活している。

あの日、耳にした会話が一体何だったのかは分からない。けれど考えたところで詮方ないことである。そのように割り切ることにした。

幸いにもすぐに町内の飲食店に就職が決まった。

暫く伏せっていた母も、以前のパート先に復帰、恙（つつが）なく日常生活を送れるまでに回復した。

父の凄惨な死を乗り越えたとまでは言えなくとも、何とか折り合いを付けているように思える。

あくまでも、表面上は。

「ち、ち、血、血ぃ！　血のっ、血の海ぃぃぃ!!」

月に一、二度、樋口さんは母の悲鳴で目を覚ます。

またか、とうんざりしつつ、二階の自室から一階に下りる。

廊下にへたり込んだ母は、便所のほうを指差して喚き続けている。

「お、お父さんがぁ……血の、血の海でぇ、溺れてるのぉ……ほら、そこぉぉぉ……」

溜め息を吐きながら、樋口さんは母の元へと近付く。

足裏に伝わるぬるぬると生温かい感触も、咽（む）せ返るような腥（なまぐさ）い臭いも、全て無視して。

母に優しく肩を貸し、寝室へと連れていく。

うっ、ぐっ……という苦悶の声が、廊下の奥、便所のほうから聞こえてくる。

そちらを見ることは決してない。
目を合わせるのが、嫌だからだ。

ハート

「――丁度熟れ過ぎた桃の皮みたいな感じだった」

北内はそう告げた後で、長く長く沈黙した。

彼は二十年ぶりに会った年上の旧友だ。こちらが怪談作家をしていると聞くと、何とも胡散臭そうなものを見る目をして、値踏みするような視線をこちらに送ってきた。当然だろう。怪談作家など、胡散臭いものの代表のようなものに決まっている。

「ああ、でも怪談本とか、若い頃は文庫で何冊か読んだような気がする。コンビニで売ってたよね。ああいう奴？　そういや文庫本をコンビニで売ってるのって、もう見かけなくなっちゃったね――」

最近は雑誌の棚がない店舗もあるという話になった。

売れているのか売れていないのかと問われたが、あまり売れていないと答えた。その後で、何か不思議な話はないかと訊ねると、北内はないない、一つもないと笑った。

「なるほど、こんな感じに取材するんだなぁ。でも、怖い話なんて、そんな簡単に転がってるものなの？」

転がっている訳ではないから、こうやって訊ねて歩っているんだよと返すと、彼は大変だなと言って店員を呼び、ハイボールを追加注文した。

「糖質制限しててさ、ハイボールは糖質少ないんだって」

ああ、これは収穫にはならないなと気持ちを切り替えようとしたところで、北内が不意に表情を変えた。

「昔、変な女に引っかかったことがあってさ、もうあのことは続いていないから話すけど、それは滅茶苦茶怖かった」

大学を卒業して数年経った頃の話だという。

北内にはどっちつかずな感じの関係になった女性がいた。どっちつかずというのは、本名も知らなければ、相手の仕事も知らない。年齢も分からない。ただ肉体関係はある。そのような曖昧な関係だったという。

携帯電話が出たての頃で、まだその頃北内は持っていなかった。なので、彼女との連絡は、お互いに馴染みの店に寄るというものだった。約束すらしないのだ。

場所は当時頻繁に通っていた、ターミナル駅近くのゲームセンターだ。そこに寄ったときに、たまたま二人が顔を合わせることができて、更に二人が情欲を持て余しているような状況であれば、どちらともなく誘ってホテルまで行く、といった関係性だったという。

「仮にその女の名前は――そうだなぁ。ミヤコとでもしておこうかな」

ミヤコは百七十センチある北内よりも背が高くて大柄だった。細身の北内よりも明らかに体重も上回っていたはずだという。肉質がやたらと柔らかく、抱きしめられるとマシュマロに埋もれるような感じだったという。

北内は溺れた。ミヤコも北内に溺れていた。

だが、二人ともなるべくそのようなそぶりをお互いに見せあわないようにしていた。

「何かさ、格好付けたがってたんだよな。独占欲みたいなものもあったんだけど大人ぶりたかったというか」

最初はそれでよかった。

惚れた腫れたは口にしない。ただ、お互い相性がいいのは分かっている。いつかどちらかが、そろそろ頃合いではないかと口にすれば、関係を前に進める。そんなことを期待する関係――北内はそう思っていた。

だが、彼が違和感を意識し始めたのは、そんな付き合いが半年も続いた頃だった。

街中でも出張先でも、ミヤコの姿をやたらと見かけるようになったことがきっかけだった。勿論、偶然ということはあるだろう。他人の空似ということもある。だが、背が高くて体格が良くて、そこそこ美人で、髪型が一緒で、服も同じで、持ち物が共通しているような他人が、そんなに大勢いるだろうか。

全員が全員同じ格好をしていることが、とても気持ちが悪い。

ただ、街中でこちらを気にしている様子もない。

だから他人なのだろう。

「——あのさ、最近お前に似た奴を街で見かけるんだけど、何か知ってる？」

ホテルで掛け布団の上に寝転がって、北内はそう口にした。

ただ何となく話題に出しただけで、何かを追求しようとした訳ではない。ただ、横で眠たそうにしていたミヤコが突然身を起こした。

「え、何かあった」

「それ、何処か分かる？」

元々白い肌が青味を帯びている。

「いや、出張中とかだから、ただの他人の空似だと思うんだけど、面白いなと思ってさ」

そう答えると、ミヤコは、そうか、そうよねと納得したような返事をしたが、明らかに動揺しているのが見て取れた。

何かの地雷を踏み抜いたか――。

北内は気が付かない振りをした。

「もうじき、会えなくなるかもしれない」

その日、ミヤコはそう言って別れた。それが先程の動揺にあるのは想像が付いたが、具体的な理由はよく分からないままだった。

「それからは連絡先を教えていないのに、やたらと旅先で見かけるようになった。それから家の中に入ってくるようになった」

「ストーカーみたいなものか？」

北内は首を振った。

「お前みたいな仕事してると、生霊って言葉くらい聞いたことはあるだろう」

確かに生霊が出てくる怪談は時々耳にする。

「ミヤコは生霊になって出てくるんだけど、抱けたんだよ」

それは最早霊ではないのではないか。そう指摘すると、北内はそうだなと答えた。

「俺も夢だと思ってた。夢なら夢で良かったんだ。でも夢じゃなかったみたいでさ」

ある晩、帰宅するとミヤコがいた。合い鍵は渡していない。それどころか家すら教えていない。しかし、事実ミヤコが自分がいつも寝ているベッドに座ってこちらを見ている。服は着ていない。普通の状態でないと言うのは分かった。

「お前、どうしたんだ……？」

戸惑う北内が声を掛けても、彼女は答えなかった。

「服着ろよ」

そう言われると首を振って、北内に近付いてきた。彼女の身体からは熟れた桃のような匂いがした。その匂いを嗅ぐと、思考を奪われたようで、何も疑問に思わなくなった。

事が済んで、ベッドで二人で横になっていると、眠気がやってきた。

それに抗うことができずに意識が遠くなる。

ここで寝ちゃ駄目だ。シャワーを浴びなくては。明日の仕事の案件はどうなっていたっけ――？

朦朧とした頭でそんなことを考えたが。そのときもうミヤコの姿はなかった。

翌朝、通勤途中でミヤコがいたはずだと記憶を遡ったが、色々と曖昧で、よく思い出せない。

それから一カ月の間で、同じようなことが三度あった。

いつものゲームセンターにミヤコが顔を出さなくなっている。

これは何か普通じゃないことだということは何となく理解しているが、どうしていいか分からない。

相手は自分の彼女でも何でもない。何でもないというのは言い過ぎだとしても、こちらで束縛できるような間柄ではない。しかも、ミヤコのことを抱くという淫夢を立て続けに見ている。欲求不満が溜まっているのだろうか。

仕事で外回りの途中に喫茶店へ寄り、もやもやした頭で鞄の中の資料を整理していると、テーブルを挟んだ真向かいに、男性が座った。

店は空いているので、相席という訳ではない。

北内は顔を上げた。一体誰だろう。

きっと待ち合わせの相手を間違えたか何かしたに違いないと考えていると、その男が囁くような声で話し始めた。

「――俺はさ、果物は熟れた桃が一番好きなんだ。ドロドロになるちょっと前で、果肉が熟し切って褐色に変わったような奴がさ」

この男は突然何を言い出すのだ。

「それはさ、あの感触が指先に蘇るからでもあるんだよ」

「あの、人間違いじゃないですか」

北内が問いかけると、男は笑顔を見せた。

「あなた、北内さんですよね。だから間違ってないんですよ」

男はニコニコ笑いながら、立ち上がろうとする北内のことを制した。

彼は、ミヤコから手を引けと言った後で続けた。

「人間の肌って、上手くすると、綺麗に剥がせるんだよ。丁度熟れすぎた桃の皮がずるりと剥けるような感じにね」

彼は空中にハート型を描いた。

「毎日むしり取るだろ。それで茶色く瘡蓋(かさぶた)ができる。それをまたむしってやる。それを何度も何度も繰り返していると、治らなくなるんだ。だから、ミヤコは今でも胸の真ん中のハート型の傷口から血を流している」

彼が一体何の話題をしているのか、北内には最初全く分からなかった。

「ほら」

そう言って、その男が取り出してテーブルに置いたのは、黒く長い髪の毛が付いたままの肌の切れ端だった。

もう水分を失って褐色に変色し、小さく皺だらけに変わり果てていたが、確かに元々は綺麗なハート型をしていたのだろうと想像できる形をしていた。

「それはプレゼントだ。あんた、好きだったんだろ、あの女のこと」

男が席を外してからのことは、あまり記憶に残っていない。

どうやら自分がミヤコと関係を持ったことが、誰かの機嫌を損ねたのだろうということまでは理解できたが、それが何者なのか、平凡な人生を送ってきた北内には全く想像ができなかったのだ。

「それからも、ミヤコは来たんだよ」

一カ月に三回ほどの頻度だった。北内が家に帰ると、ベッドに座っていた。

二人はお互いを貪るようにして抱き合った。

だが、ミヤコが部屋を出る姿は一度たりとも見たことはなかった。

彼女が立ち去った部屋には、二、三日は熟れた桃の香りが残っていたという。

この話を終えて、北内は氷の溶け切って薄くなったハイボールを一気に飲み干した。

「ミヤコって女はさ、真っ白な肌をしてたんだ。それが夢の中で会う度にだんだん色が変わっていってさ、最後は茶色でしわしわだったんだよ。そのとき肌に触れると、指が触れたところから破れてしまったんだ」

これは本当は夢の話なんだ——と何度も何度も自分を納得させるような言葉を繰り返した後で、彼は続けた。

「——最後に見たあいつの全身は、丁度熟れ過ぎた桃の皮みたいな感じだった」

たまごゆうれい

久々に実家に帰ったら、そこがお化け屋敷になっていた。

元々、ホラー映画やテレビの心霊番組が好きな両親で、小さい頃から恐怖というコンテンツには慣れ親しんでいたのだ、と美鶴さんは語る。

「でもまさか、勝手知ったる我が家があんな不気味な場所になっているなんて、思いもしませんでした」

大学進学と同時に上京した美鶴さんは、卒業後、都内にあるデザイン事務所に就職、最初の何年かは忙しさにかまけて、帰省を先延ばしにし続けていたのだ。

気付けば長い間、家族の顔を見ていなかった。

「お米や野菜なんかが届く度に、悪いなあ、とは思うんですよ。ただお礼の電話を入れると、それで義務を果たしたような気分になっていました」

結局、美鶴さんが里帰りを果たしたのは、就職から四年目、祖父の七回忌法要に合わせてのことだったという。

当日は飛行機で帰ることにした。空港からはタクシーに乗り、菩提寺に直接向かう。法要の後は家族が行きつけの中華料理屋で会食をし、実家に宿泊。

「ただ以前、私が使っていた部屋は十歳下の妹のものになっていて」

そのため美鶴さんは、客間に布団を敷いて寝ることになったのである。

会食の席で親戚から飲み慣れない紹興酒を勧められ、また長時間の移動で疲れていたせいもあってか、柄にもなく随分と酩酊していた。

就寝間際、些か痴呆の気味がある祖母が、

「仏壇からねえ、コロコロ……って落ちてくるけど、気にしなくて良いからねえ」

そんな訳の分からないことを言っていたが、気にするまでもなく眠くて堪らなかった。

「何年ぶりかの実家ですし、それも客間で寝るなんてことは一度もなかったから」

目を覚ましたとき、一瞬、ここは何処だ？　と戸惑った。

猛烈な尿意を覚えていた。

起き上がり布団を出たところで、何か柔らかなものを踏んだ。

「殻を剥いた茹で卵、っていうのが最初に感じた印象です」

それは美鶴さんの足裏でぐじゅっと潰れ、生温かく粘ついた液体が滲出（しんしゅつ）する感覚があった。襟首に鳥肌が立ち、軽いパニック状態に陥る。

そのとき初めて気付いたのだが、座敷の隅に置かれた仏壇が仄かに発光していた。仏壇そのものというよりは、開け放たれた扉の奥から、青白い光が漏れている。

「それだけじゃなくて……」

仏壇の中から、コロコロと丸いものが絶え間なく転がり出ていた。

白く、つるつるした光沢のある、卵状の物体だった。

まるで仏壇の排泄物のような具合で畳に落ち続けるその球体は、部屋中の至るところに散らばっていた。

何これ……と呆気に取られた美鶴さんの爪先に、今しも仏壇からまろび出たばかりのそれが触れた。

思わず、彼女は叫び声を上げた。

「顔があったんです」

眉、耳、目、鼻、口のそれぞれが突拍子もない位置に配置され、悪夢のような福笑いの様相を呈していた。

のみならず、それには手足もあるらしかった。

到底使い物になりそうにない、小さな手足だった。

美鶴さんは喚き声を上げながら、客間と居間とを隔てる襖に向かって駆け出した。

その際にも、ぶちゅっ、べじょっ、と二度ばかり、その人面卵を踏みつけたようだけれど、混乱し切った彼女には最早それどころではない。

襖を開くのももどかしく、体当たりをかました。

そのままの勢いで、美鶴さんは襖ごと居間側に倒れ込む。

「食卓に、私以外の家族が座っていました」

パジャマ姿の両親と妹、祖母の四人に加えて、七回忌を終えたばかりの祖父の姿もあったと記憶している。

皆一様に俯いて、卓上の笊(ざる)に盛られた何かを一心不乱に口に運んでいた。

にゅぐ、ぐしゅ……という咀嚼(そしゃく)音が暗い居間に響き、口の端から垂れた液体が衣服と食卓に滴り落ちる。

笊の上で山になっているそれがあの卵であると認めた瞬間、意識が遠のいた。

「朝起きたら、ちゃんと布団の中にいたんですけど」

昨晩見た卵のお化けは何処にも見当たらず、仏壇の扉は、いつの間にか閉じられていた。

「ただ恥ずかしいことに、粗相をしていたんですよ」

襖に手を掛けたところで、それが上下逆さまになっていることに気付き、ゾッとした。

両親と妹、祖母の様子は昨日と何も変わらなかった。

けれどそれ以来、美鶴さんは自分の家族と実家が、いつの間にか全く別の存在になってしまったのではないか、との思いを拭い去ることができないでいる。

コロナ禍での行動自粛は、彼女にとっては幸いした。帰省を拒む、格好の口実になったからだ。

「でも今年に入った頃から、頻りに顔を見たいって連絡が来るんですよね」

そう言って、美鶴さんは溜め息を吐いた。

祖母の体調が思わしくなく、医者からも長くはないとの宣告を受けたらしい。

「結婚を考えてる彼からも、御家族に挨拶をってせっつかれるんです。どっちも先延ばしにしてるんですけど、祖母が亡くなったら流石にそういう訳にはいかないし」

私どうしたら良いと思います？　との問いに、当方はただ押し黙るばかりだった。

未成

長谷川君がその未完成物件の廃墟を訪れたのは、二〇一〇年二月末のことだった。

当時、大学四年生だった彼は、長い冬休みを持て余していた。

卒業に必要な授業の単位は取得し終えていたし、彼の所属しているゼミは卒業論文がない。就職先も前年には既に内定を勝ち取っており、事前研修も終了している。あとは四月の入社式を待つばかりだ。

とにかく退屈だった。しかし、金がなかった。

半同棲している彼女の亜沙さんも、彼との生活にマンネリ感を覚えているようだった。

亜沙さんとはアルバイト先の焼き肉屋で出会った。

同じ大学・学部の同級生だったが、学科が異なるため、見かけたことはあっても話したことはなかった。アルバイト先では亜沙さんが大分先輩で、長谷川君の研修を担当するうちに、二人の距離は急速に縮まっていった。

亜沙さんの現況も長谷川君と大分似ている。

時間はあるけど、金はない。

そんな折、バイト先の四つ年上の社員から「心霊スポットに行かないか」と誘われた。

どうも、県北の山中に未完成のまま放棄されたホテルがあり、そこに夜な夜な自殺した不動産会社社長の幽霊が出るらしい。

平時ならあまりそそられない遊びではあったが、今の二人には魅力的な誘いである。

こういう後先考えない遊びができるのも、学生のうちだけだろう。

長谷川君も亜沙さんも二つ返事で了承し、早速、翌日の夜に出かけることとなった。


社員の桐谷先輩は、彼女の明日香さんと連れ立ってやってきた。

中古の軽自動車は、桐谷先輩が四年前に貰った初俸給で購入したものだ。長谷川君と亜沙さんが乗り込むと、四人の呼気であっという間に車内の窓が白く曇った。

「ハッセが来てくれて助かったよ。俺、山道の運転慣れてないからさ」

そう言って屈託なく笑う桐谷先輩は、一見すると黒髪の落ち着いた好青年に見えるが、昔は結構「ヤンチャ」をしていたと本人が事あるごとに語っていた。

その頃から付き合っている明日香さんがこの度妊娠したこともあって、半月後の記念日に入籍を予定している。

この二人は定期的に心霊スポットや廃墟を巡っては、色々と「楽しんで」いるそうだ。

「こいつの腹の中にいるのも、多分、そのときの子供じゃないかな」

桐谷先輩の言葉に、明日香さんが喧(かまびす)しい笑い声を上げる。要するに、そのシチュエーションが一番燃えるのだ。今回の未完成物件は、産前最後のお楽しみの場所になる予定だった。

しかし、インターネットで仕入れた情報によると、どうもその物件は随分な山奥にあるという。少し倫理観がずれている桐谷先輩だが、流石に妊娠初期の彼女を乗せて慣れない山道を運転するのは気が引けたらしい。

そこで白羽の矢が立ったのが、長谷川君だった。

確かに以前、自身が随分田舎の出身で、免許を取って以来、帰省の度に足代わりとして山道を往復させられるという愚痴を話したことがあった。

だからといって、まさかこんな話を聞かされるとは。潔癖気味である亜沙さんの冷たい視線を感じ、長谷川君はたじろぐ。

「頼むから、俺達の前でやるのは止めて下さいよ」

精一杯の愛想笑いでそう答え、長谷川君は渋々桐谷先輩から鍵を受け取った。

それでも、道中は実に順調だった。

あけすけないことを除けば桐谷先輩も明日香さんも愉快な二人なので、笑いすぎて運転に支障が出るほどにドライブは盛り上がった。

未完成物件まで続く山道は随分複雑だったが、桐谷先輩の的確な方向指示で全く迷うことなく目的の場所まで辿り着くことができた。


深い山道を抜けた先が突然開けたかと思うと、まるで進むのを阻むかのように現れたのが未完成物件だった。

四階建ての巨大なコンクリート建築。当然、未成工事のため窓にはガラスが嵌めこまれていないし、玄関戸もない。巨大な箱に開いた無数の穴を見ると、建築物というよりは巨大な蜂の巣や蟻塚を思わせる。

暗闇の中に聳(そび)えているというのに、その建物の窓の向こう側だけは、黒い色が一段と濃く、底が見えない気がした。

廃墟の重苦しい雰囲気に圧倒され、長谷川君と亜沙さんは息を呑んだ。明らかに怖じ気づいている二人の様子を見て、桐谷先輩は苦笑する。

「大丈夫だよ、俺らが先に防犯カメラとかないか下見してきてやるから。怖かったら、後で合流しても良いよ。電話繋いどいてくれれば、実況中継してやるよ」

そう言って後部座席から下り、迷うことなく、廃墟へと向かっていく。

「マジで桐谷先輩達、頭おかしいよ。私、もう帰りたいんだけど」

二人が歩き去ったことを確認し、亜沙さんは軽蔑し切った声を上げる。

そこに関しては長谷川君も同意見だが、ここに来るまでの車中、自身も笑い転げていたくせにと、亜沙さんの変わり身の早さに鬱陶しさを覚える。

「とりあえず、二人が戻ってきたら帰ればいいじゃん。これ、桐谷先輩の車なんだし」

そう言って宥めたところで、長谷川君の携帯電話のバイブレーション音が聞こえた。

画面を覗き込めば、案の定、桐谷先輩からの着信である。

スピーカーにして、電話を取った。

「もしもし」

『おー、ハッセ。そっち大丈夫か。亜沙ちゃん、怖がってない？』

桐谷先輩の声を聞くと、亜沙さんは仏頂面でそっぽを向いた。

長谷川君は苦笑する。

「いや、こっちは大丈夫です。先輩達は、どうですか」

『全然問題ないよ。未完成物件だから、マジで中身何もなくて拍子抜けしているとこ』

後ろから明日香さんの相槌を打つ声が聞こえる。

『ちょっとお前ら、廃墟のほうを見てみろよ』

言われるがまま正面の建物を見ると、二階の一番左側の窓から白い手がひらひらと動いている。次いで、明日香さんと思しき人影が身を乗り出した。

『今、ここだから。上まで見て回ったら一旦そっちに戻るよ。都度、連絡するから』

言いたいことだけ言い終えると、間髪入れずに電話が切れる。

仕方ない。待つしかない。

苛々した様子の亜沙さんと車内で過ごすのは気まずいことこの上なかったが、先輩達の陽気な声で、少し恐怖が紛れた。


二度目の電話は五分もしないうちに掛かってきた。それと同時に、今度は三階の一番左側の窓から白い手がひらひらと振られる。

『見えるだろ。今、ここ。何もないから、サクサク進みそう。あとワンフロアで終わり』

そしてまた、間髪入れずに電話が切れる。

このスピードだったら、十五分もしないうちに戻ってくるかもしれない。いや、「お楽しみ」も含めたら、もう少し掛かるか。

ひとまず、亜沙と二人きりの時間が早く終われば良い。

長谷川君はそんなことを考えながら、ひたすらに煙草を吹かし続ける。ところが、二回目の電話を最後に、今度はパタリと連絡が途絶えてしまった。

遅い。

チラリと車内のデジタル時計を見る。午前二時十五分。最後の電話から、一時間近くが経過している。

助手席を見ると、亜沙さんが苛々した様子で携帯電話を触っている。

彼女も限界だろう。爆発すると、面倒なことになるのは明白だ。

長谷川君は渋々メールアプリを立ち上げ「今何処ですか」と桐谷先輩に送信した。

ものの数秒で、長谷川君の携帯電話が振動する。

桐谷先輩からの着信だった。

「先輩、まだ掛かりますか。俺達、そろそろ帰りたいんですけど」

『……が、あって……さ……頼む……』

電波状況が悪いのか、ノイズが乗ってしまい、声が明瞭に聞こえない。

「先輩、さっきみたいに手を出してもらえますか」

そう言った瞬間、ブツンと大きな音がして、電話が切れた。仕方なく長谷川君がリダイヤルしようとしたところで、再び桐谷先輩からの着信が鳴り出す。

「先輩、いい加減に……」

『ハッピー不動産！　ハッピー・ハッピー。地域密着、個人宅から高層ビルまで。あなたのそばで支え続ける、ハッピー不動産！　今すぐ、お電話下さい。ハッピー不動産！　ハッピー・ハッピー。地域密着、個人宅から……』

急にスピーカーから流れだした調子外れの音楽とナレーションに、思わず長谷川君は携帯電話を投げ出してしまった。

地方コマーシャルのような雰囲気と内容だが、何処か古臭さを覚える曲調と声である。大方、明日香さんと協力して長谷川君達を脅かすつもりだったのだろう。悪戯にしては趣味が悪い。

すかさず亜沙さんが携帯電話を拾い上げ、怒りをぶつける。

「ちょっと。マジでいい加減にして下さい。待ち疲れていて、全然笑えないんですけど」

ピー、ヒョロロロロロロ。ピーピーピー、ガガガガ、ザー……。

今度は大音量でノイズが流れ、亜沙さんは思わず耳から携帯電話を離す。

「さっきから、意味分かんないんだけど。何なの、これ」

再び、ブツンと電話が切れる。

怒り狂う亜沙さんを余所に、長谷川君は更に混乱を極めていた。先程流れた音には、確かに聞き覚えがあった。ダイヤルアップ接続の音だ。

しかし、桐谷先輩も長谷川君も所持しているのはスマートフォンである。

「ねえ、何かメール来たんだけど」

憮然とした表情で亜沙さんが携帯電話を寄越す。

送り主は桐谷先輩だ。件名はない。

嫌な予感を覚えつつも、メールを開く。本文はないが、一枚の画像が貼り付けてあった。

「何これ。二人とも、私達のこと煽っているでしょ」

横から覗き込んだ亜沙さんは、怒りのあまりに声を荒らげた。

今正に、目の前に聳え立っている廃墟を正面から写した写真である。

加工をしているのか、まるで使い捨てカメラで撮られたかのように、右下にはオレンジ色のデジタル数字で、今日の日付が刻んである。

四階の右端から、二人の男女が身を乗り出している。共に片手を挙げ、満面の笑みで。

桐谷先輩と明日香さんだ。

確かに二人だと分かるものの、何処かちぐはぐな印象を受ける。張り付けたような嘘くさい笑顔、窓枠から生えたキノコのような身体。全体的に、バランスが悪い。

まるで人間がデフォルメされて描かれた不動産会社の能天気なチラシのような、どうにもアンバランスな構図である。

そこまで考えたところで、長谷川君は弾かれたように車のギアをバックに入れた。

猛然と方向転換し、アクセルを踏み込む。バックミラー越しの廃墟がどんどん遠ざかっていく。

「ねえ、ちょっと。何で先輩達置いていっちゃうの。流石にまずいでしょ」

肩を揺さぶる亜沙さんを強引に振り払い、長谷川君は必死の形相でハンドルを握る。

その鬼気迫る表情に圧倒されたのか、亜沙さんも口を噤み大人しく助手席のシートに沈んだ。

山道を進んで三十分。街灯のあるアスファルト舗装の道へと戻ってきた。そこで漸く車を路肩に停めると、長谷川君は震える手で煙草に火を点けた。

「ねえ、もう良いでしょ。いい加減に教えてよ。何で逃げたの？」

不安のためか、長谷川君に取り縋る亜沙さんに、長谷川君は無言で携帯電話を押しやった。

そこには、先程桐谷先輩から送られてきた写真が開きっぱなしになっている。

「何これ。桐谷先輩と明日香さんが二人で馬鹿やっている写真でしょ。これがどうしたの」

訝しげな亜沙さんの発言に、長谷川君は肩を震わせ、大きく溜め息を吐いた。

「二人とも写っているなら、この写真は誰が撮っているんだよ」

長谷川君の返答に、亜沙さんは何も応えられずただ写真を凝視するだけだった。

「とりあえず、俺、もうあそこに戻りたくないよ」

柄にもなく長谷川君は泣き言を漏らした。

亜沙さんも同意見ではあるが、良心は咎める。

「でも、二人ともあの場所に置き去りは、流石にヤバいよ。もしも二人に何かあったら、絶対に私達の責任になるし」

何かあったら。具体的な想像は、恐ろしくて口にできなかった。

そもそも二人は無事なのだろうか。

恐怖で停止していた思考が、漸く動き出す。とりあえず、桐谷先輩と明日香さんが何処にいるかだけでも知りたいと考えた。

長谷川君は亜沙さんから携帯電話を受け取ると、桐谷先輩の番号にリダイヤルした。

ピリリッ、ピリリリリリリ。

すぐ近くから聞こえた携帯電話の音に仰天し、長谷川君と亜沙さんは硬直した。

慌てて亜沙さんが自身の携帯電話を確認するが、泣きそうな顔で首を振る。

それでは何処から。音の出所を確認していると、長谷川君の足元が淡く光っている。

手を突っ込んでシートの下を探ると、一台のスマートフォンが出てきた。

液晶には「着信中　ハッセ」という文字。

「どういうことだよ。これ、桐谷先輩の携帯電話なんだけど」

途端、ガチャッと音がして後部座席の扉が開いた。

「おーおー。長谷川、亜沙。待ったよな、ごめんな」

乗り込んできたのは桐谷先輩と明日香さんだった。

突然の事態に硬直する長谷川君に対し、二人は張り付けたような笑顔で捲し立てるように話し出す。

「いやぁ、いい物件だったよ。眺望も最高だったし、スタッフの皆様方も礼儀正しかった。至れり尽くせりだし、あれなら安心して任せられるよ。そういえば、次はお前らの番だよな。さっさと行ってこいよ。待っているから」

先に叫び声を上げたのは亜沙さんだった。

ガチャガチャとシートベルトを外そうとする音が聞こえる。長谷川君も我に返った。運転席のドアを開け、転がり出る。

「待って、待って。ベルトが外れないんだけど。ねえ、置いていかないでよ、待ってよ」

悲痛な声を上げる亜沙さんを尻目に、長谷川君は全速力で逃げ出した。

結局、長谷川君は四時間掛け、何とか自宅まで帰ることができた。

とっくに始発電車も動き出している時間だ。置き去りにした亜沙さんの叫び声が脳裏を掠めたが、桐谷先輩達の歪んだ笑顔を思い出すだけで、再び震えが走る。

どう考えても、あそこで亜沙さんを助ける選択肢はなかった。胸の痛みに無理やり蓋をする。

そんな複雑な気持ちを抱えながら玄関ドアを開いた瞬間、悲鳴が出そうになった。

視線の先、リビングソファに涼しい顔をした亜沙さんが座っていたのだ。

「桐谷先輩と明日香さんに送ってもらったの」

長谷川君が一言発する前に、亜沙さんは張り付けたような笑顔でそう答えた。

帰還した亜沙さんとの生活は、一週間もしないうちに終わりを迎えた。

その日から別人のように上機嫌になった亜沙さんが、生理的に受け付けなくなってしまったのだ。何より不気味だったのが、彼女の鼻歌だった。

「あいつ、ずっとあの歌とナレーションを口ずさんでいるんだよ。ハッピー不動産って、電話口で流れていた奴。一回しか聴いてないはずなのに、何で歌えるのか分からなくて」

何度も繰り返し聞かされたため、遂には夢まで見るようになった。

我慢ならず別れを告げたが、亜沙さんは朗らかに了承した。その様子に、長谷川君は言いしれぬ不気味さを覚えたという。

アルバイト先にも変化があった。久しぶりに出勤したところ、桐谷先輩と亜沙さんが辞めていたのだ。亜沙さんに関しては自身との破局があったため、多少は理解できる。

ただ桐谷先輩に関しては寝耳に水のことであり、焼き肉店のオーナーもひたすら首を傾げていた。

「桐谷の馬鹿、やりたいことができた、本気で挑戦したいって電話してきたきり、全く音信不通なんだ。嫁さん、妊娠中だろうと言ったんだけど、その嫁さんが応援してくれているって言うから、こっちも何も言えなくて。とりあえず、家に行ったけど、あいつ帰ってないみたいだし……何か、宗教とかにハマっちまったような感じだったよ」

お前、何か知らないか。

そう問われたが、長谷川君は答えることができなかった。

「俺、あの日帰ってきた先輩達って、やっぱり偽者だったと思うんです」

長谷川君は、あの日の出来事を述懐する。

全速力で飛ばした車に一瞬で追いついたことや、鍵を掛けたはずの後部座席を空けて乗り込んできたこと。それよりも、更に奇妙な点があった。

「あのときに帰ってきた桐谷先輩、金髪だったんですよ。服装も、夏物っぽいスーツ着て。出てったときは普段着にダウンジャケットだったはずなんです。それになんか、全体的に前時代的っていうか、十年前のギャル男みたいな雰囲気だったんですよね」

最近、漸く長谷川君は当時の出来事を咀嚼できるようになり、記憶を頼りに例の未完成物件の廃墟に向かったそうだ。

しかし、辿り着く前に断念してしまった。

「山の入り口っていうのかな。舗装路と未舗装路の境目の路肩に、薮に埋もれて桐谷先輩の車があったんです。あの夜、俺が駐めた場所に」

車上荒らしに遭ったのか、車内は大分荒れていた。

ナンバーは勿論、カーナビやパーツも多数盗られていたが、車体に貼られたステッカーや車高が低く改造された形状から、確かにそれは桐谷先輩の車だと確信が持てた。

破られた窓から車内を覗くと、助手席のシートベルトは締められたままだった。

「だから、思うんです。本当はあの夜、俺以外、誰も帰ってこなかったんじゃないかって」

ま、そうだとしても、もうとっくに時効の話なんですけど。

そう強がって酒を呷る長谷川君のスマートフォンの待ち受け画面は、あの日、記念にと一枚だけ撮影したという廃墟の不鮮明な写真に設定されている。

彼が大手自動車メーカーの内定を蹴り、不動産業界を志したきっかけを訊ねた際に伺った話である。

三十三

〈お疲れ様です、お忙しいところ、すみません。もし御存じの情報でしたら、申し訳ないのですが――〉


長年怪談を募集していると、時折個別メッセージの形で届く話がある。

佐理恵さんからそのようにして届いた話は、寡聞にして耳にしたことのない情報だった。

彼女の元によれば、三十年ほど前に、総合商社に勤める野々村という女性の知り合いから聞いた話だという。


現在は地元の観光地として、古代日本をテーマにした公園のようになっている場所に関しての話だとのことだった。

あるとき、そこで遺跡発掘のアルバイトに入っていた野々村さんの叔母が、奇妙なオブジェを掘り出した。

それは不思議な形状の土偶で、考古学分野で修士号まで取っている野々村さんも、今までに見たこともないようなものだった。

「まるで前衛芸術のオブジェのようなモノなんですよ。実際、私も叔母の撮った写真でしか見たことがないんですけど、不気味で長く見ていられないの。気持ち悪くて――」

「とはいえ、遺跡からの出土品なのだから、そんなに変なものではないんでしょ。一体どんなものだったの」

そう訊くと、野々村さんは、紙とペンを貸してほしいと言って、渡されたメモ用紙に、記憶を辿りつつ絵を描き始めた。

だが、完成したという絵を見せられても、それが何か一見では全く分からなかった。

「ちょっと――悪いけど、これじゃ何を描いたのか分からないわよ」

あまりにも不可思議な形を模したデザインに、佐理恵さんはどう読み取ればいいのだろうかと首を傾げた。

だが描いた本人は、実際にこういう形だったのだと、語気を強めた。

メモ用紙に描かれていたのは、確かに野々村さんが主張する通り、奇妙なものだった。

丸いボールのような頭部には、正面に縦並びで三つの穴が空いている。人間には不可能なほど丸まった背中からは、三本の角なのか、棘なのか、妙に尖ったものが生えており、代わりに腕はない。そして下半身には三本の太い脚が生えている。全身に模様が描かれているが、それが何を意味しているのかも分からない。

勿論、頭部や脚と言っているが、それが本当にそれを象っているのかすら不明なのだ。当然ながら人間を象っているようには見えないし、かといって、鳥や獣とも思えない。ただ、確かに不気味な印象ではある。

「これ――一体何だと思いますか」

描いた野々村さんの顔色が悪い。

「私の絵だと、これくらいしか再現できないんですけど、現物はもっと気持ちが悪くて、まるで肌とかも生きているみたいで――」

だが、佐理恵さんにも答えは出そうになかった。

もう少し詳しい状況も知りたいし、できればその叔母さんの撮影したという写真も見てみたいと伝えて、その日は終えた。

その日以来、佐理恵さんも知り合いの伝手を辿って、方々に訊ねてはみたが、情報が出てこない。

半月ほどして、再び野々村さんから連絡が入った。

「あの――」

野々村さんは、ばつの悪そうな顔を見せた。

彼女の叔母は、例の出土品の写真を全て処分してしまっていたのだと、野々村さんは肩を落とした。

それにも理由があるらしい。

まず、野々村さんの叔母が言うことには、年代測定の結果として、古墳時代のものだということまでは知らされたのだそうだ。だがそれ以降、例の出土品に関する一切の情報が途絶えたらしい。

叔母も気にしていたので、現場に行く度に、あの土偶はどうなったのかと上司に訊ねた。だが、上司からは、まるでそんなものは存在していなかったとでもいうように、木で鼻を括ったような対応を受けたのだという。

ただ、その態度があまりにもわざとらしかったので、あれは裏で何か知らせたくないことがあったのだろうとのことだった。

「叔母が言うには、現場を仕切っていたのが、大学の教授と、姪っ子の勤める商社で広報を担当する偉い人だったから、それ以上は追求しても仕方がないなって諦めたそうなのですが――」

その頃から、叔母は酷い頭痛と悪夢に苛まれるようになった。

夢に出てくるのは、あの土偶の元になった何かだった。

三つの穴が空いた顔、上下左右に振り回される指のない三本の腕。三本の酷く浮腫んだ脚。それがこちらを強く恨んでいるような感じがした。

きっと、あの土偶は発掘してはいけないものなのだ。もしもあれを身近に置いたりしたら、呪いを受けて、身体を壊していたかもしれない。

叔母はそう考え、写真を全て処分し、神社で何度もお祓いを受けたとのことだった。

「そこでの発掘作業も一段落して、更に一年以上経った頃に、ようやっとその夢を見なくなったって言うんですよ。それが、例の公園が完成した頃のことだって言うんです」

なるほど。そのような話を聞くと、出土品の土偶が呪いを振り撒いているように考えるのも自然に思える。

少なくとも、野々村さんの叔母本人にとっては、呪いの土偶であることは疑いもないのだ。

たとえ真実がどうあれ、そこは変わらないだろう。

佐理恵さんがそんなことを考えていると、野々村さんが、もう一つあるんですと口にした。

「もう一つって、どうしたの」

「あともう一つ聞いてほしいことがあるんです。別の箇所から、その土偶に関係しているような話を耳にしたんです」

野々村さんは、絶対に表に出さないで下さいよと念を押して話し始めた。

彼女に話をしてくれたのは、彼女が親しくしている学芸員だという。

先週のこと、彼女のほうから声を掛けてきた。

「ねぇ、野々村さん、変な話なんだけど聞いてくれる？」

その学芸員の女性は、大学で出土品を管理している。件の大学には件の遺跡の発掘を担当していた教授が所属している。なので、色々と噂も入ってくるらしい。

噂の内容は、主任教授の初孫が死産だったというものだった。

真実ならば、不幸な話だ。

しかもそれだけではなく、酷い奇形であったらしいという話を聞いた。

妊娠中のエコー診察では、ごく普通の胎児であったはずなのに、予定日よりもひと月半も早くに産気づいて、病院に運ばれた。

そして生まれた子供は、通常の足が二本に加え、腰の下から育ちかけた足が一本伸びていた。腕は二本だったが、指はなく、肩のあたりから、肉の塊が垂れ下がっていた。頭部に眼窩(がんか)は一つしかなく、鼻腔も一つ。大きく開いた口には、舌がなかった。

そんな話を産院の看護師から聞いた。

田舎の狭い地域だと、知り合いの知り合いほどの人間関係で、噂が巡ってしまう。

教授の息子夫婦はすぐに引っ越して、今は何処に住んでいるのか分からない。

看護師は厳しく口止めされたようだが、自分の見たものがあまりにも恐ろしかったために、自分の中だけに閉じ込めておくことができなかった――。

野々村さんはこの話をした後で、佐理恵さんに訊ねたという。

「呪い、って本当にあるんでしょうか。そして、呪いって、終わるってことがあるんでしょうか。今回の原因って、古墳時代からの呪いですよね――」

佐理恵さんは、咄嗟に答えることはできなかった。

それをただの偶然だ、呪いなどないのだと、心を揺らさないでいられるほうが人間らしいのか、それとも呪いと思って恐れてしまうほうが人間らしいのか――。

それは、今も彼女の中で完全に決着は付いていないのだという。

お供えの空き地

大学教員をされている公彦さんの家の隣には、不自然な空き地がある。

二年前、彼が引っ越してきたときからずっとそのままに放置されていて、新しく家が建ったり駐車場が作られたりする様子もないのが、不思議でならなかった。

閑静な住宅街のど真ん中だし、遊ばせておくには勿体ない土地に思える。所有者が何処の誰かも分からない。

月に一、二度ではあるが、空き地の中心に花束やカップ酒、煙草、缶詰などが置かれていることがあった。これについても一体誰が、いつの間に持ってきたものか、全く不明である。

それは気付いたらそこにあり、気付いたらなくなっている。ということは回収までがセットで行われている訳で、ますます不可解だ。

とはいえ、生来、おおらかな性質の公彦さんは、それ程気にも留めていなかった。まあ、そんなこともあるだろう、くらいに考えていた。

けれどあるとき、高校生になる娘さんが遊びにきた際、

「お供えみたいで気持ち悪いね」

とそんなことを言った。

なるほど、考えてみれば確かに娘さんの言う通りで、以来、公彦さんにもその空き地が俄かに不気味なものと思えてきたそうだ。

公彦さんは酷く恐ろしい悪夢を見て目を覚ました。

全身にぐっしょりと汗をかき、手足が氷のように冷たくなっていた。

それは別れた妻とその現在の夫が、蛸と人との合いの子みたいな化け物になって、公彦さんと娘さんを貪り食うという凄惨な夢だった。

何て嫌な夢だ。

公彦さんは濡れたパジャマを着替え、水を飲みに台所に行った。

すると廊下の奥、洗面所と浴室のほうから明かりが漏れている。おまけにぴしゃぴしゃという水音まで聞こえ、公彦さんは慄然とする思いである。

今この家には自分一人しかいない。

となると考えられるのは、外部からの侵入者が勝手に我が家の風呂を使っているという事態だが、果たしてそんなことがあり得るだろうか。

しかし現に音はするのだ。そうである以上、確かめない訳にはいかない。

玄関の傘立てから最も頑丈そうな傘を掴むと、公彦さんは恐る恐るそちらに向かった。

洗面所に異変はない。

ただやはり浴室の電気が点いていて、ドアの向こうからは人の気配がする。

「誰だ！」

一息に扉を開けて、驚いた。

そこにいたのは妻の家にいるはずの娘さんで、彼女は服を着たまま、並々と湯を張った浴槽に浸かっていた。

「お前……そこで何をやってるんだ？」

すっかり混乱してしまった公彦さんの問いに、

「この子を綺麗にしてあげているの」

そう言って、娘さんは湯船から一体の人形を取り出した。

それはアメリカの某玩具メーカーが製造している、世界的に有名な着せ替え人形だった。

一目見て、そうと分かった。娘さんが小さい頃、もしかしたら買ってあげたことがあったかもしれない。

けれど着ている服がおかしかった。

それは滝行をする人が身に着ける白い着物、所謂「行衣(ぎょうえ)」のように見えた。着せ替え人形なのだから、どんな服を着せるのも所有者の自由な訳だが、金髪碧眼(へきがん)、目鼻立ちのはっきりしたその人形には、あまりにそぐわない格好である。

「その人形、隣の空き地で拾ったものだろう？　ダメじゃないか、勝手に持ってきたら」

口に出してからハッとした。自分でもどうしてそんなことを言ったのか理解できない。

「お父さんのためだよ」

「それ、どういう意味だ？」

「お父さん一人で寂しそうだから、私の代わりになるかなと思って」

「だからって、何も空き地のお供えでなくても良いだろう」

「空き地のお供えだからこそ、だよ。こういうのって、ある程度しっかりした念が籠もってないと意味ないじゃん」

「その念というのは、焼き殺された人のものか？　それとも首を斬られた人のものか？」

「どっちだって同じことじゃない、そんなの」

考えるより先に、止めようもなく言葉が迸(ほとばし)った。娘さんも同じ状態なのか、まるで別人格が憑依したように口角泡を飛ばして応酬する。

そうこうしているうちに、次第に公彦さんの胸の内は、自分ではなく妻を選んだ娘さんに対するどす黒い感情で塗り潰されていくようだった。

「とにかく、お前もそんな人形も、お父さんには必要ない！　それを持って、さっさとこの家から出ていけ！」

大声を上げた公彦さんを、娘さんは寂しそうに見つめた。

そうして娘さんは少しずつ湯船の中に沈んでいき、最後には入浴剤が溶けるようにして姿を消してしまった。

浴槽にはぬるい湯と人形だけが残された。

人形の顔を見るだけで、胸がむかついた。

公彦さんはすっかりびしょびしょになった人形を拾い上げ、浴室を飛び出した。

寝巻き姿のまま隣の空き地に向かい、地面に穴を掘った。丁度良い大きさの穴ができあがると、人形を横たえ、埋めた。

全ての作業を終えた頃には、またしても汗まみれになっていた。満ち足りた気分だった。

人の気配を感じた。

顔を上げた公彦さんは、思わず叫び出しそうになった。

彼の周りを大勢の人々が取り囲んでいるのだ。年齢も性別もバラバラな彼らは、皆一様に生気のない虚ろな眼差しを公彦さんに向けている。

心臓が縮こまるような恐怖を覚えて、公彦さんは遮二無二駆け出した。

包囲を突破する際、そのうちの一人に肩から体当たりをかましたが、そうされた人は一言もなく仰向けにひっくり返った。ごつん、と背後で鈍い音がした。

玄関に滑り込み、鍵を掛けたところで急速に気が緩んだのか、公彦さんは意識を失った。

翌朝、公彦さんは着衣のまま湯船に浸かった状態で目を覚ました。風呂の湯はすっかり水になっており、全身が冷え切っていた。

震えながら熱いココアを飲んでいたら、携帯電話が鳴った。

発信者の名前を見て、嫌な予感がした。

それは離婚した妻の現夫の名で、こんな朝っぱらから電話を掛けてくるなんて、何か良くないことがあったとしか思えない。

相手は開口一番、妻と娘がそちらに行っていないか、と訊いてきた。

昨晩、予備校まで娘さんを迎えに出た妻が今朝まで帰らず、連絡も取れないのだという。

そちらにもいないなら、すぐにでも警察に通報するつもりだ、と現夫は言い、公彦さんの返事を待っている気配だった。

公彦さんは無言のまま電話を切り、外に出た。

昨晩自分が埋めてしまったあの人形を何とか掘り返すつもりだったが、確かにここだと見定めた場所からは、腐敗し分解しかかったモグラの死骸が出てきた。


元妻と娘さんはすぐに見つかった。

その日、元妻は授業を終えた娘さんを車に乗せると、隣県にある大きな湖に向かったらしい。

車はそこでガードレールを突き破り、冷たい湖水に落下した。

元妻に精神科の通院歴があることは公彦さんも現夫も知らない訳ではなかったが、彼女が何故自死を、それも娘さんを巻き添えにした無理心中を選んだのかは分からなかった。

隣の空き地には、今もたまに花束や飲み物が供えられていることがある。

人形は、一度も見かけない。

盆の客

世良君が小学校三年生の頃の話である。

彼の家は盆になると全国に散った親戚が集合して、大宴会になる。世良君の父親が六人兄弟だったということもあって、三十畳の居間もギチギチになるほどに人が詰め込まれる。

盆の恒例行事と言えば、墓掃除である。親族の中でも早く到着した者達で、近くの寺までぞろぞろと迎え火を焚きに行く。

八月十三日の夕刻。日が傾き始め、墓地は夕靄に沈む。僅かに涼やかな風も吹いている。

一通りの掃除を終え、蝋燭の火を提灯に移した瞬間、ワッと子供が泣く声で全員の動きが止まった。従兄弟の陽ちゃんだった。直前まで、御機嫌に提灯を触っていたのに、何があったのか。慌てて陽ちゃんの母親があやすも、火が付いたように泣き止まない。ただ、虚空を指差し、拙(つたな)い言葉で繰り返す。

黒い人がいる。黒い人が見ている。

墓地。それも夕刻ということも相俟(あいま)って、一同は狼狽(うろた)えた。

しかし、陽ちゃんが指し示す先には他家の墓石が立つばかりで何もない。

「ほら、何もないよ」

事態を打開しようと、陽ちゃんが指し示す先に世良君が走り、手を振った。

途端に陽ちゃんは目を剥き、断末魔を上げるかのように絶叫する。流石にそこまで怯えられると、世良君も怖くなってくる。

本当に、何かいるんじゃないか。

そう思った瞬間、微かに焦げた臭いが鼻腔を擽った。線香や麻幹などの植物由来ではない、もっと動物的な油を含んだ臭いである。驚いて振り返ってみたものの、やはり何の姿も見当たらない。

親族は異様な状態の陽ちゃんに気を取られている。

結局、世良君はそのときに覚えた妙な違和感を誰にも伝えないまま、墓地を後にした。


迎え火の夜は、常に宴会がセットである。

続々と合流してくる親類縁者とともに、卓を囲む。既に来客の数は二十人を超えていた。

流石に世良君も全ての親戚の顔は分からない。何となく見覚えがあるような気もするが、血縁ということもあって顔が似ているから、記憶も怪しいところだ。

あらかた料理が出揃ったところだった。玄関を勢いよくガラガラと開ける音がした。父の弟が、酒が本格的に回る前にと煙草を買いに出ていたので、それが帰ってきたのかと思った。バタバタバタと回り廊下を走るような音が近付いてくる。

「あら、随分と忙しないわね」

叔母の一人が眉を顰めた瞬間、廊下に現れたのは知らない初老の男性だった。ぎょろぎょろとした目に鷲鼻、上等な淡い青色の着物を着ている。白髪交じりの髪を丁寧に撫で付けてあり、一目で気難しい性格が伝わってくるような骨ばった顔をしていた。額の左側には、まるで入道雲のような紫の痣が浮いている。

知らない人だ。

知らない人なのに、その痣の形を絶対に何処かで見た記憶がある。

親族一同、呆気に取られて男性を見る中、陽ちゃんは再び火が点いたように泣き出した。知らないはずなのに、知っている。世良君のすぐ横に座っている母が、小さい声で「誰だっけ」と父に訊ねる声も聞こえた。

陽ちゃんの泣き声だけが響く居間をぐるりと見回すと、男性はそのままドタドタと台所へと入っていく。誰もが互いに顔を見合わせるだけで、身動きは疎か、一言も発することができなかった。

一分もしないうちに、またバタバタと現れた男性は、両手を碗の形にして生米を持っていた。そのまま居間を横切り、廊下を抜け、縁側へと出ていってしまう。

「ちょっと、あんた。何なんだよ、一体」

漸く声を掛けた叔父の声を無視し、大きな足音を立てながら駆け抜けていく。

ほんの一瞬の出来事だった。互いに顔を見合わせ、その場に会した全員が我に返ったときには既に男性の姿はなく、宵闇だけが広がるばかりであった。


あまりにも突然の出来事だった。

しかし不審者だと断定できなかったのは、確かに男性に対する既視感があったからだ。

集まった皆で、口々に初老の男性の正体を思い出そうとするも、明確な答えは出てこない。困惑した空気の中、陽ちゃんだけが相変わらず大きな声で泣き続けている。

流石に、気が咎めたのだろう。叔母が陽ちゃんを伴って仏間へ捌けた。その瞬間だった。

素っ頓狂な大声を上げ、叔母が真っ青な顔で居間へと飛び込んできた。

「ね、ね。ちょっと。全員、こっち来てよ」

慌てて駆けつけた先には、盆仕様に飾られた仏壇と先祖代々の遺影が並んでいる。

それを見た世良君も、思わず「あっ」と声が漏れた。

ずらっと飾られた遺影の一番端、最早写真ではなく肖像画ではあったものの、気難しい顔でこちらを睨め付けている高祖父その人が、先程飛び込んできた男性とそっくりであった。よくよく見れば、額に浮かぶ叢雲のような痣も同じ形をしている。

「さっきの人って、この人にそっくりだよね」

居間に戻って宴席を再開する気も起きず、何だか妙に据わりの悪い心地で、親戚一同互いに顔色を窺いあっている。

「そういえば、おじいちゃん」

堪らず、伯母の一人が曽祖父に語りかける。齢百を超えた曽祖父は、日頃から夢とうつつの間を行ったり来たりしている。先程の騒動の最中も、マイペースに茶碗蒸しを突いていた。

「さっき部屋に入ってきた人って、おじいちゃんのお父さんだったか、分かる？」

叔母の問いかけに対し、曽祖父はむにゃむにゃと口を動かす。

「ぼうぼう燃えちょったから、よう見えんかったな」

それだけ答えると、大きな欠伸を一つした。

「そういえば」

世良君の祖父が眉を顰めながら呟く。

「俺の爺さんに当たる人は、俺が生まれる前に亡くなったという話を聞いたことがある。確か、焚き火をしているときに火の粉が袖に燃え移って、そのまま熱さのあまりに井戸に飛び込んで死んだって」

そう言って縁側の向こうに目を遣る。

「俺の親父は、よう燃えた。今も灰が落ちているよ」

曽祖父は突然明瞭な声でそう言うと、床を箸で指し示した。しかし示された先には灰こそなかったものの、先程現れた男性が持ち去った生米が、まるで足跡を示すかのように点々と落ちていた。

思わず、全員が顔を見合わせた。伯父が部屋を飛び出し、懐中電灯を持ってくる。動けるもの皆でサンダルを引っかけ、生米の跡を追いかけた。米は点々と軌跡を作っていたものの、とっくの昔に塞がれた井戸の跡のところで途切れている。井戸の蓋はきっちりコンクリートで塞がれており、残りの米の行方については、知ることができなかった。

結局、それ以降は妙なことも起きずに無事送り火を終えた。

盆休みが終わり、親戚達は車に乗り合いながら、続々と帰っていった。

叔母達が帰り支度をする中、陽ちゃんだけが縁側で遊んでいる。あとは車に乗り込むだけという段階になったとき、陽ちゃんは徐(おもむろ)に中庭に下りると、自身のミニカーのコレクションから一台を取り出し、井戸跡のコンクリート蓋の上に置いた。消防車だった。

「どうしたの。これは置いていくの？」

世良君が訊ねると、陽ちゃんは小さく頷いた。

「黒い人にあげる」

陽ちゃんの目は、まっすぐ井戸の横を捉えていた。

翌年以降、このような珍事は起きていない。

世良君は、盆の度にこの出来事を思い出している。

恐らく、親類縁者皆同様だろうが、それを口にする者は誰一人としていないという。

見せないで下さい

マスミさんが以前勤めていた池袋の派遣型風俗店に、ぴぃちゃんという女の子がいて、彼女は常々「あたしには霊感がある」と公言していたそうだ。

あのホテルの何号室には輪郭の崩れかけた案山子(かかし)みたいなものが立っている。

この間のお客の背中に女の顔をした芋虫がくっついていた。

訊かれてもいないのにそんな話ばかりするせいで、所謂「かまってちゃん」として煙たがられている節があった。

なのだが、世話好きのマスミさんは、そんなぴぃちゃんのことを「何だか放っておけなかった」という。

マスミさんは怪談やオカルトを結構好きなほうではある。

とはいえ幽霊や霊魂の存在に肯定的かと言えばそういう訳でもない。数多(あまた)あるエンタメコンテンツの一つとして割り切れば良いんじゃない？　という程度のスタンスだ。

だからマスミさんはぴぃちゃんの話を頭ごなしに否定したりせず、ちょっと面白い夢の話でも聞くような具合で相手をしていたのである。

そんなある日のこと、マスミさんがいつものように待機所で文庫本を読みながら呼び出しを待っていたら、出勤してきたぴぃちゃんがこちらにまっすぐ近付いてくるのに気付いた。

「ねえねえ、マスミちゃん」

と声を掛けてくるぴぃちゃんの顔を一瞥し、お化けの話だな、とマスミさんはすぐにピンと来た。

「おはよ。また変なの視た？」

「視たっていうかあ……」

撮れちゃった、と言ってぴぃちゃんは満面の笑みを浮かべる。

「撮れた？　え、もしかしてそれって……」

「そう！　心霊写真でぇーっす!!」

何が可笑しいのか、ぴぃちゃんは「あっははぁ！」と思わずギョッとするような甲高い声で笑い出した。

数人の女の子がうんざりといった視線をこちらに向けている。

ぴぃちゃんの奇天烈なテンションには辟易（へきえき）したが、マスミさんはその心霊写真とやらに興味を惹かれた。

心霊写真なんて、本かテレビでしか見たことがない。

真偽の程はさておき、実物を拝める貴重な機会だ。

「へえ、本物？　見せてよ」

「良いけどぉ……呪われちゃうかもよ？」

ぴぃちゃんは心底嬉しそうに、取り出したスマホをマスミさんに手渡した。


フローリングの床に、四人の男女が寝そべってピースサインを作っている。

写真はそれを俯瞰で撮影したものだ。

胸から上しか写ってはいないが、全員、一糸纏わぬ丸裸ではないかと推察される。

床にはティッシュペーパーや使用済みのコンドーム、飲み掛けのペットボトル、大人のオモチャなど、不衛生なものが散乱している。

男性のうち一人は、度を超して色黒の遊び人風。

対照的に色白で毛髪の薄い、ぽっちゃりした男。

ショートヘアを青く染めた娘は、十代でも通用しそうな程の童顔だった。

最後に、肩の辺りまである黒髪をカールさせた、丸顔で化粧の濃い女性。

ぴぃちゃんだ。

「ここにさ、男の顔が視えるでしょ？　こっちを睨んでるみたいじゃない？　この部屋、友達の〈アトリエ〉なんだけど、彼が言うには事故物件らしいんだよね。大島てるで調べたら、何年か前に住人が自殺してて……」

言いながらぴぃちゃんは写真を指差すものの、マスミさんには男の顔なんて全然分からない。

というかこれは、とマスミさんは思った。

乱交パーティーの事後写真にしか見えないんだけど。

矯めつ眇めつしてはみるが、一向に判別が付かなかった。

埃にフラッシュが反射したとかシミュラクラ効果とか、心霊写真「らしき」ものに対する解釈は幾つもある。しかしこの場合、その「らしき」要素自体が見当たらないのだから話にならない。

「えっと、これって……」

「そうそう！　あたしもさ、ユーレイは腐る程視てきたけど、これはヤバいと思うの。何ていうか、底知れぬ悪意？　邪気？　みたいなのを感じるよねえ」

「あー、邪気ね。はいはい。そうかも。そうだね。ちょっとヤバいよね」

「でしょう？　やっぱマスミちゃんは理解あるよぉ。話して良かった！」

話に乗ってくれたのが余程嬉しいのか、ぴぃちゃんは上機嫌で待機所を出ていった。

いや、あんなものを見せるために来たのか……と流石のマスミさんも呆れてしまった。

ともあれ、当の本人が本物と言い張っているものを無下に否定するよりは、適当に話を合わせてあげたほうが良いだろう。

まあ、平和が一番だよね。

マスミさんはすぐにそんな心霊写真のことなんて忘れてしまった。


岩田からの指名と聞いて、マスミさんは憂鬱な気分に陥った。

そいつは月に一、二度は必ず店を利用する常連だったが、マスミさん曰く、とんでもない「クソ客」でもあったらしい。

一言でクソ客と言っても、説教癖がある、プレイが乱暴、本番行為をせがむなど、そこにはバリエーションがある。

岩田の場合、端的にその不衛生さが問題だった。

脂ぎった頭髪に鼻毛丸出しの獅子鼻、汗染みの浮いたシャツ。一体何日風呂に入っていないのか、全身から饐(す)えた臭いを発散させている。

それはまるで、ドブの水で酸辣湯(サンラータン)を作ったような悪臭だった。

にも拘らず、プレイ前にシャワーを浴びさせようとすると、

「僕は大丈夫。家でざっと流してきたから」

と明らかな嘘を吐く。

どういう訳か金回りは良く、またマスミさんには理解不能のマメさを持ち合わせてもいて、岩田は店のサイトに記載された全キャストのプロフィールをそらで覚えていた。日記にも全部目を通している。

そのちぐはぐさが、マスミさんにはむしろ不気味だったという。

とはいえ店にしてみれば大事な常連だ。宥めすかして身体を洗ってやれば、何とか相手をできないこともない。

あれはあれで、まあ可愛いとこあるよ。

心にもないことを考えながら、マスミさんはホテルに向かった。


「こないだの写真、凄かったよね？」

顔を合わせるなり、岩田はそんなことを訊いてきた。

「写真って……何でしたっけ？」

「嫌だなあ、ぴぃに見せられたでしょ？　ほら、例の……」

心霊写真、と言って岩田は気色悪い笑みを浮かべ、マスミさんに身を擦り寄せてくる。乾いた唾液のような臭いが、つん、と鼻を衝いた。

「ああ、あれ……」

「一目見て鳥肌立ったよ。いや、これマスミには話してないと思うけどさ、実は僕も結構視えちゃうほうなんだ」

「ええ、そうなんですかあ……」

確かに初耳ではあるが、だから何？　としか思わない。

「そうなの。ぴぃはねえ、力はあるんだけど、根が善良だからかな？　ああいう良くないのが寄ってきちゃう訳。つけ込まれるっていうか」

「なるほどぉ……」

「これまでも何度か注意はしたんだよ。あんまりノーガードだとそのうち痛い目に遭うよ、って。ただまあ、今回のは流石にまずい。僕、その辺の低級霊なら何とかしてあげられるけど、あれはねえ、然るべきところできちんと〈浄霊〉しないと」

あ、これ長くなるな、と思ったときには既に遅く、岩田は粘着質な口調で講釈を始めた。

「最近は怪談芸人みたいな連中があることないこと発信してて、バカな信者がそれを真に受ける。そうやって拡散したイメージを更にしょうもないユーチューバー達が再生産していく。そんなマッチポンプみたいな構造になってるからねえ。ぴぃは基本的に純粋だから、そういうのをすぐ信じちゃう。〈ビリーバー〉って言ったら良いかなあ。本人に何らかの〈ギフト〉があっても、そういう誤った知識に毒されることで折角の……」

「あーあーあーあーあー」

自分でも無意識に、マスミさんは声を上げていた。

「えっ？」

「あーあー、そういう話はもういいでーす。あたし、あなたの心霊談義を傾聴するのが仕事じゃないんで」

「いや、でもあの写真は……」

「はっきり言うと、あたしはぴぃちゃんのあの写真、ただの乱交パーティーの事後写真だと思いまーす」

「男の顔が……」

「だーかーらー、あたしには視えませんでした！」

一瞬、岩田はくしゃっと泣きそうな表情を浮かべた。

「それは……マスミには、力がないから……」

「そうですねー。あたしにはあなた達みたいな特別な力はないんで、話に付いていけなくてごめんなさーい。ところで、今のこれって何の時間ですかー？　するんですかー？　しないんですかー？　帰って良いですかー？」

「……………」

結局、その後はいつもと同じようにプレイを終えた。

その間、岩田はぴぃちゃんの心霊写真の話を二度と蒸し返さなかったし、以来、マスミさんを指名することはなくなったそうだ。

というか利用頻度自体も減って、いつしかマスミさんの頭からは岩田なんてクソ客の記憶は消えてしまった。

ぴぃちゃんが店を辞めたと知ったのは、送迎の車内でのことだ。

「そういえばマスミさんって、ぴぃちゃんと仲良かったっすよね？」

運転席のスタッフが、あるときそんなことを訊いてきた。

「えっ？　……まあ、仲良いっていうか、会えば話はするくらいの感じですけど。どうしてですか？」

「あの娘、お店辞めたんすよ」

「……へえ」

聞かされたところで、マスミさんとしては特段の感慨もない。何しろ入れ替わりの激しい業界なのだ。

「それでね、ぴぃちゃん、そのちょっと前から様子がおかしかったんす」

「あの娘がおかしいのは……いつものことじゃないですか？」

それはそうなんすけど、とスタッフは一度言葉を切って、

「俺にね、ずーっと変な写真見せてくるんすよ。『心霊写真だ』とか言って。それが何というか、見るからにただの乱交パーティーの事後写真って感じで」

あの写真だ、とすぐに思い至った。

「『ここに男の顔が』とか何とか言うんですけどね、俺には全然分かんなくて。そう伝えたら滅茶苦茶不機嫌になって、それから店辞めるまで一度も口利いてくんなかったっす」

「……そうだったんですね」

「あとはね、臭いっす」

「臭い？」

「そうそう。ぴぃちゃんってあの娘、元々、香水キツかったじゃないっすか？　それが変な写真の話をし始めた頃から、どんどん酷くなっていって……」

「…………」

「香水に混じって、酸っぱいような嫌な臭いがするんすよ。長いこと風呂入ってないんじゃないかなっていう……公衆便所にお酢ぶち撒けたみたいな……正直、あれじゃあサービス業は無理っすよ。……まあ、他の仕事も無理か……」

程なくしてマスミさんもその店を辞め、コールセンターの派遣求人に応募した。

クレーム対応は想像していた以上に精神を削られるものの、あんな岩田みたいなクソ客を相手にさせられるよりは何倍もマシだという。

ぴぃちゃんのその後については知る由もない。

と言いたいところだが、一度だけ、マスミさんは彼女らしき人物を見かけたことがある。

休日に、新宿の歩行者天国をぶらぶらしていたときのことだ。

家族連れやカップルで賑わう道の一角に、そこだけぽっかりと空白地帯ができていた。

その中心では、インドの行者が着ているような薄汚れたローブに身を包んだ男女の二人組が、プラカードを持って何事かを早口で喚き散らしており、マスミさんにはそれがどうもぴぃちゃんと岩田のように見えてならなかった。

恐る恐る近付いてみると、二人が手にしたプラカードには、

『他人のメーワクをかえり見ず』
『心レイ写真を』
『見せないで下さい』

そんな文言が書かれていたとのことである。

奥階段

その家は三十年前、千恵さんの誕生を機に、彼女の両親が中古で購入した物件だった。政令指定都市の外れにある築浅の３ＳＬＤＫ、親子三人で暮らすには申し分ない大きさである。尤も、千恵さんの父親は転居二年後に業務上の事故で死亡したため、物心付いた頃から母親との二人暮らしだった。愛情深い母のお陰で寂しさを覚えることは殆どなかった。千恵さんの母はその時代には珍しく在宅仕事をしており、独りで一時間以上の留守番をした記憶もない。思えば、不自然なほど彼女がその家に一人で取り残される機会を母は潰していた気がすると、大人になった千恵さんは述懐していた。

自身の住む家が「少し違う」と思ったのは、彼女が中学校に上がったときだった。

小学生の頃は友人を家に呼ぶことが多かったが、中学生となれば行動範囲も広がり、自然と親が不在がちな友人宅にお邪魔する機会も増えた。そこで気付いたそうだ。千恵さんの家は、ちょっと変わった構造をしているのである。

一階にＬＤＫと水回りが纏まっており、二階には子供部屋と主寝室、大きめな納戸がある。それに関しては特に問題はない。玄関を入ってすぐの場所に二階へと続く階段、ホールに隣接して手洗い場とトイレ、風呂場がある。廊下を進むとキッチン、リビングに続くドアがあり、その先の突き当たりには、何故かもう一本、二階に続く階段があるのだ。

手前と奥の階段を使って家全体を回遊できる構造となっているのだが、千恵さんは奥の階段を使ったことがなかった。封鎖されていたのである。昇り切った二階側も同様だ。

封鎖といっても板で塞ぐような仰々しいものではなく、細々とした日用品や季節ものの家電などが殆ど隙間なく積まれており、文字通り「足の踏み場もない」状態なのだ。単純に物が多い家なのかと思えば、そういう訳でもない。二階の納戸は空っぽであるし、そもそも使っていない部屋もあるくらいだ。明らかに、封鎖の意図を以て物が置かれていた。

今まで疑問に思わなかったのも、純粋に奥の階段から近い納戸と空き部屋に行く用事がなかったからであり、一度考え出すとどうにも気になって仕方なかった。

「お母さん。奥の階段って、どうして使っていないの」

ある日の夕食の後、何となく会話が途切れたときを見計らって千恵さんは疑問をぶつけた。

「え。どうしてか。何でそんなこと訊くの？　今までそんなこと気にしなかったじゃない」

母は明らかに狼狽えた様子で曖昧に濁すと、慌てて立ち上がり動揺を隠すように皿を洗い始めた。気まずい沈黙が続く。優に三分は経った頃だろうか。

「あの階段、雨漏りしていたせいで、床と壁の一部が腐食しているのよ。恥ずかしいし、何かあったら危ないから、ああやって塞いでいるの。だから貴女も近付かないでね」

そう言って、母は取り繕うような笑顔を浮かべた。

訊くまでもなく、何か隠していることは明白だった。千恵さんはその場ではそれ以上追及することはせず、納得した振りをして引き下がった。勿論、疑問が消えた訳ではない。

その日から、千恵さんは母の目を盗んで奥階段を観察するようになった。


今まで気にしたことはなかったが、よくよく見れば、階段の荷物が緻密な計算の元で配置されていることが分かる。適当に荷物を動かしでもしたら、すぐにバレてしまうだろう。

奥階段を気にしているという事実を、千恵さんはどうにも母にバレたくなかった。

あのときの母親の表情には、気まずさよりも焦燥感が見て取れたからだ。

母親が一人で出かける機会は殆どなかったため、階段の観察は、主に母が風呂に入っているときに行った。あるときは一階から、あるときは二階から。携帯電話で荷物の写真を撮り貯めているうちに、幾つか気付いたことがあった。

まず、荷物は頻繁に入れ替わっていた。

次に、置かれている荷物の殆どが奥階段用に購入されたもので、未使用品だった。というのも、階段に纏められている雑誌や衣装ケースの中身は、明らかに二十代半ばの女性向けのものなのである。母親の若い頃のものかと思いきや、雑誌は最新号であるし、洋服も最近買った新品のようだ。それらを母親が使っている姿を見たことはないし、勿論、千恵さんのものでもない。結論的に、わざわざ買ってきたものだということになる。

また扇風機やトランクケースなどに邪魔されてよく見られないものの、階段中央付近には食べ物の載った小皿が置かれていることが度々あった。内容はいつも一緒である。丸くて茶色い揚げ物。恐らく、コロッケだろう。ゴミを漁ってみると、確かに定期的にスーパーで惣菜のコロッケを購入している様子があった。勿論、それが食卓に上がった覚えはない。そもそもスーパーマーケットのコロッケを食べたことがない。母が嫌いだからだ。惣菜を買ってくることはあっても、大抵は平たいハムカツであり、それが母の好物だった。

どうにか階段を検(あらた)める機会はないものか。

母親の不在を虎視眈々と狙っていたところ、思いのほか早くチャンスが訪れた。

ある日曜日の午後、ソファで母と二人テレビを流し見ていたところ、何かが爆発するような轟音が響いた。あまりの音に驚いて外に飛び出してみると、家のブロック塀に乗用車が突っ込んでいる。事故だった。

　幸い、運転手は無事なようで、暫くしたら自身で呼んだらしい警察官がやってきて実況見分を始めた。これから保険会社もやってくるらしい。立場上、母親もその場で立ち会わなければならない。警察曰く、一、二時間は掛かるという。またとないチャンスだった。

　トイレに戻る振りをして、千恵さんは家の中に引き上げる。母は動揺が最高潮に達しているのか、曖昧な返事で彼女を見送った。作戦成功。恐らく人生で初めて、千恵さんが家の中を自由に探索できる時間だった。迷わず奥の階段へと足を向ける。

　置かれているものをチラリと確認すると、数日前と内容が様変わりしている。雑誌は最新版のものがビニールテープで纏められており、図書館から借りてきただろう本が、堆(うずたか)く積まれている。洋服もいつの間にか秋物に変わっていた。

　千恵さんが学校に行っている間に入れ替えをしているのだろう。

　母親を妙な行動に掻き立てる正体を、千恵さんはどうしても明らかにしたかった。

　予め、進路を塞ぐものを写真で撮り、その場所もメジャーで正確に測って印を付ける。元の場所に戻すのを徹底すれば、気付かれることはないはずだ。そうして、少しずつ階段を上っていく。今まで見えなかったものが見えてくる。生活家電の陰になって気付かなかったが、ぬいぐるみや鞄、メイク道具なども置かれている。どれも千恵さんのものではないし、当然母親の趣味ではなかった。

階段の中央に差し掛かったとき、突如視界に入ってきた影に驚いて、千恵さんは飛び上がりかけた。人一人がやっと立てるくらいの空間の壁に、真っ黒い人型の染みが浮いていたのだ。よくよく見れば、染みは薄っすらと水の筋を辿らせながら天井へと続いている。

恐らく、母親が言っていた雨漏りの跡だった。

ただ、雨漏りにしては随分と染みが濃い気がする。本当に雨が滴ってきたのならば、上下で濃淡が出るのではないか。まるでこれは、壁の中から染みだしてきているかのような。

千恵さんが何げなく壁に向かって手を伸ばしたところ、足元がカシャンと小さく鳴った。爪先に何かが当たったようだ。目線を落とす。白い小皿が床に直置きしてある。その上に載せられたコロッケは、今し方口を付けたかのような唾液の光る歯型があった。

今までは階段の上から覗いていたため気付かなかったのだが、この位置では、まるでお供え物のようである。気分が悪くなった千恵さんは慌てて全ての荷物を元の場所に戻すと、家を飛び出し、まだ話し続けている母親の元へと戻った。

そんな出来事があってから、暫くは千恵さんも奥階段には近付かなかった。しかしある夜、そうも言っていられない事態が起きた。

風呂も終わり、リビングで寝転がりながらテレビを見ていたところ、突き上げられるような強い揺れを感じた。地震である。突如、巨大な船に乗せられたかのような感覚にふらついていると、ガシャンガシャンと音がして、棚から食器が飛び出し始めた。同時に停電。真っ暗になった。母は偶然、仕事の資料を出しに行くため、徒歩五分ほどの郵便局へと外出しており、珍しく千恵さんだけが家の中にいたのだ。

慌てて懐中電灯の明かりをともす。真っ暗な部屋の中央がオレンジ色に照らされたと同時に、ドタンと大きな音が響いた。二階から聞こえた。地震の影響で何かが倒れたのだろうか。そう思ってリビングを出ようとした瞬間、パタパタと、軽い足音とともに二階のドアを開くような音がした。

ギー、パタン。ギー、パタン。

何かを探しているような気配だ。

母親が帰ってきたのだろうか。声を掛けようと、扉を開けた瞬間、物がどさっとリビングの内側に流れ込んできた。奥階段に積み上げられていた荷物だった。

あれだけのものを山積みにしていたのなら、地震で崩れるのも致し方ないことだ。

暗くてよく見えないが、奥階段を占めていた殆どのものが落ちてきてしまっているようだ。幸い、見る限りはガラスの破片などの危険物はない。荷物を踏み越え、すっきりした奥階段から二階にいる母の元へ向かおうとした瞬間だった。二階から声が聞こえた。

「お母さぁん」

若い女性の声だった。

「お母さぁん。どこぉ」

千恵さんは動くことができなかった。明らかに、母親の声ではなかった。

「お母さん、お母さああああん、お腹空いたよ、お母さぁん」

パタパタパタと、スリッパで走り回るような音がする。泥棒かと思ったが、違う。そんな雰囲気ではない。そもそも、地震が起きるまでは誰かが潜んでいる様子もなかった。この家自体、そんなに広い訳でも、防音効果が高い訳でもない。

現に、階上で歩いている足音と床が軋む音は、ダイレクトに聞こえてくる。

パタパタと小走りで動く音が二階の一番奥まで届くと、今度はそのままパタパタ音が戻ってくる。千恵さんが階下にいる奥階段まで戻ろうとしているのは分かった。

下りてくる。

千恵さんの全身が総毛立った。

逃げなくては。

上にいる何者かに気付かれないよう息を殺して、玄関から転げ出た。

町は僅かな星明かりがある以外、夜闇に沈んでいる。町内の広範囲が停電のようだ。

得体の知れない何かが家にいる。

道路に呆然と立ち尽くし、家のほうを見遣る。廊下を黒い影が駆け抜けていくのが見える。

やはり、家にいるのは女性のようだ。

長い髪を靡(なび)かせ、走っていくのがくっきりと見えた。

呆然とそれを眺めていると、後ろからポンと肩を叩かれ飛び上がった。母だった。

「千恵ちゃん、ごめんね、大丈夫よ。あれは一階には下りてこないから」

あれは、何か。千恵さんの問いに対して母は困ったように笑う。

「さあ、家を買ったときからいるのよ」

そう言った瞬間、街に明かりが戻ってきた。

「千恵ちゃん、お母さんが家の中を片付けるから、千恵ちゃんはコンビニでアイス買ってきてくれないかな。もう停電も解消しているみたいだから、様子を見に行ってきてよ」

そう言って財布を差し出す。その言い方は優しいが、有無を言わせぬ雰囲気だった。

千恵さんもすぐに家に戻る気持ちにはなれなかったので、素直に母の言いつけに従った。

コンビニから戻ると、もう既に家の中は綺麗に片付いており、奥階段も以前と同様にぎっちりと荷物が積まれていた。母は何も言わなかったし、千恵さんも何も聞かなかった。

それ以降、千恵さんは何となく奥階段のことを言い出せないうちに時が過ぎ、昨年、母親が亡くなってしまったそうだ。スキルス性の膵臓癌だった。

臨終の際、母親は千恵さんを呼んで手を握り、掠れ声で言ったそうだ。

「千恵ちゃん、あの家を売りなさい。なるべく早く。お母さんが抑えていてあげるから、そのうちに売っちゃいなさいね」

約束よ。約束だからね。

譫言のように何度も何度もそう繰り返した後、眠るように事切れたという。

「じゃあ、もうその家は売ってしまったんですか」

私の問いに対して、千恵さんは笑いながら首を振る。

「あの家は、私の唯一の居場所ですし、思い出の場所ですから。奥階段もそのまま、定期的に服や雑誌を入れ替えながら、母がやっていた見様見真似ですが、維持しています」

「それじゃあ、コロッケも変わらず置いているんですね」

何げなくそう訊ねると、千恵さんは手に持っていたグラスをテーブルに置き、私の目をまっすぐ見て、首を振った。

「今は、コロッケとハムカツですよ」

そう言って屈託なく笑う千恵さんに対し、私は何も言えず黙って珈琲を啜った。

しゃれこうべ

新一さんは沖縄のとある離島在住の青年だ。仕事は島の観光ガイドで、天職だと思っている。尤も、彼自身は島の生まれではない。

出身は鹿児島、父の仕事の都合で西日本を転々とし、長じてからは国立大学で生物学を学んでいた。

新一さんの人生に転機が訪れたのは、大学三年の夏。

「就活が始まった時期でした。当然、周りの連中はエントリーシートを書いたり、リクルートスーツを着て説明会に出たりする訳ですが、僕はどうにもその気になれなくて」

要するに若者らしく人生に迷ったのである。

が、新一さんの切り替えは早かった。

何となく旅行で訪れた島の自然に一瞬で虜となり、移住を決意してしまったのだ。

「旅行中に、家と仕事まで探してましたからね。電話で両親に話したら、流石に呆れてましたけど」

一度こうと決めたらテコでも動かない性質を熟知している両親は、何を言っても無駄と諦めたらしく、反対はされなかった。

運の良いことに、住まいと職は同時に見つかった。偶然入った居酒屋で知り合った男性が、観光ガイドの会社を経営していたのだ。

「意外かもしれませんけど、僕らの仕事って本土の出身者が多いんですよ。皆、僕と同じで島の魅力に取り憑かれて、移住を決めた人達です」

そういう訳で、新一さんは島の観光ガイドとしてのキャリアをスタートさせた。

業務内容は単純で、要するに顧客のニーズに合わせて島の観光スポットを案内するのだ。豊かな自然を有する島だけあって、殆どの観光客は、カヤックに乗ったりジャングルを散策したり、といったアクティビティを選択する。

となるとガイドには、島の歴史や文化だけでなく、その生態系や植生に関する知識も必須となる。

それもまた、新一さんには渡りに船だった。

「自分で言うのも何ですけど、仕事の覚えは人一倍早かったと思います。何しろ元々の専攻が生物学ですし、登山や釣りも趣味でしたからね」

移住から二年もする頃には、ベテランも舌を巻く程のガイドに成長していた。

発端は昨年の初夏。

その日、ガイドの仕事を終えた新一さんは仕事用のカヤックに乗り込み、川下りを楽しんでいた。

両岸にマングローブが密生する幅の狭い川で、新一さんはプライベートでもよく遊びに来ていたという。

「夕暮れ時に一人カヤックを浮かべて、缶ビールを飲むんです。最高の贅沢ですよ」

心地良い風が周囲の樹々をさわさわと揺らし、舟上を吹き抜けていく。

ビールによってもたらされた適度な酔いとも相俟って、殆ど夢見心地である。

「仕事でもプライベートでも、毎日のように上り下りしている川なんです。それなのにどうして、あの日に限って、あんなものを見つけてしまったのか。偶然かそれとも必然だったのか、僕ごときが考えても、分かることではないんでしょうけど」

兎も角、彼は気付いてしまったのだ。

何の気なしに視線を向けた先、マングローブの樹間に、人一人が漸く通れる程の道があった。

「最初は獣道かと思ったんです」

島には野生の猪が多く棲息している。大方、その仕業だろうが、何故だか気に掛かる。

カヤックを寄せてみると、果たしてそれは明らかに人の手で開かれた道であった。

一体どんな目的があって、こんなところに道を作ったのか。

興味を惹かれた新一さんはカヤックを舫い、その道に分け入っていった。

「相当に狭くて、歩き難い道でした」

手足に切り傷を拵えながら暫く進んだ先は、ぽっかりと開けた空間になっていた。

そこに、洞窟があった。

「所謂『ガマ』ですね」

周辺の地理を知悉しているはずの新一さんが、初めて目にするものだった。社長や先輩からも、こんなところに洞窟があるとは聞いたことがない。

入り口は腹這いになってやっと潜れる程の大きさである。

スマホのライトで中の様子を窺ったところ、内部はそれなりに高さがあり、頭を屈めれば進めないこともなさそうだ。

「そんな面白そうなところ、見逃せる訳ないじゃないですか？」

躊躇なく彼は探索を決め、苦労して入り口に頭を押し込んだ。

洞窟の内部は酷く湿っていた。

黴臭さに混じって、蝙蝠の糞が発するドブのような臭いが新一さんの鼻を衝く。

ぬるぬると滑る足元に注意を払いながら歩いていくと、すぐに行き止まりになった。

「入り口から奥まで、十歩かそこらでしたね」

期待していただけに、落胆は大きかった。

「それでまあ、時間の無駄だったな、と方向転換したところで」

ぱきっ、と乾いた何かを踏みつける感触があった。

見れば、土器の破片らしきものが足元に散らばっている。

しゃがみ込み、スマホのライトを当てた。

「頭蓋骨でした、恐らくは、人間の」

途端、洞内の温度がぐっと下がった気がして、新一さんは身震いした。

以前、先輩のガイドから、島内では伝統的に風葬が行われていたと聞いたことがある。

遺体を崖下や洞窟に安置して、自然の腐敗を待つのだ。

あるいはまた、沖縄本島の囚人や外国人労働者が、かつてこの島で過酷な労働に駆り出されていたとも。

もしかするとこの頭蓋骨は、彼らの成れの果てなのだろうか。

考えれば考える程、足元から冷気が這い上がってくるようだった。

「そういう洞窟で、骨が見つかることは珍しくないんですよ。当然、その場合は、警察なり役所なりに通報する必要がある訳ですが」

不注意で破損してしまった、との後ろめたさもあったのだろう。

幾らか逡巡した後、洞窟と頭蓋骨の件は見なかったことにして、新一さんはその場を後にしたのだという。


新一さんが洞内で身元不明の頭蓋骨を踏みつけにした、丁度その時刻。

彼の恋人で、同じく観光ガイドの職に就いている愛佳さんは、二人の住まいで夕飯の支度に取り掛かったところだった。

突如、玄関の扉がコンコンと叩かれ、愛佳さんは首を傾げた。

古いアパートではあるが、インターホンくらいは付いている。それなのにわざわざドアをノックする意味が分からない。

訝しく思いつつ玄関扉を開けてはみたものの、そこには誰の姿もなかった。

聞き間違いだろうか？　とリビングに戻ったところで、今度は左側の壁の向こうから、同じくコンコンと音がする。

余計に奇妙だ。

隣室に住んでいるのは確か沖縄本島から渡ってきた労働者の男性で、至って気の良い人だった。子供じみた悪戯などするようには思えない。

何か嫌な感じだった。

次の瞬間、右側の壁が叩かれた。

二人の住まいはアパートの三階角部屋で、右側に部屋はない。

間を空けず、玄関が、天井が、床が、左右の壁が、闇雲に、物凄い勢いでどんどんと鳴り響き、愛佳さんの耳を聾(ろう)した。同時に部屋中が地震のように激しく揺れ出し、立っているのもままならない。

愛佳さんは耳を塞いでへたり込み、正体不明の鳴動が過ぎ去るのをただ待ち続けた。

「帰宅して驚きました。真っ暗なリビングで、彼女が子供みたいに泣いてるんです」

事の次第を聞いた新一さんは、ひょっとして、と考えない訳にはいかなかった。

自分があの頭蓋骨を踏みつけにしたのとほぼ同時刻に、愛佳さんを奇妙な現象が襲っている。

幽霊とか魂といった存在については半信半疑だけれど、二つの出来事に因果の糸を見出すのは、あまりに容易に思えた。

「もうその時点で、まずいことをしたな、と後悔していました」

とはいえ、そんなことを伝えたところで、愛佳さんの不安はいや増すばかりだろう。

結局、洞窟の件は黙っておくことにして、その晩は二人、身を寄せ合って眠りに落ちた。

翌朝、飼っていた熱帯魚が腹を上にして全滅していた。エアーポンプに異常はなく、病気とも考え難かった。

愛佳さんは青褪(あおざ)めた顔で絶句していた。

それ以上に、新一さんは生きた心地がしなかった。

これで終わってほしいとの思いとは裏腹に、この程度で済むはずがないという確信に近い予感があった。

「結果的に、それは的中しましたよ」

父から連絡があった。母に乳癌が見つかったとの知らせである。

そのショックも冷めやらぬうちに、今度は父がアルツハイマーの診断を受けた。還暦に差し掛かったばかりで、心身ともに頑健な人であったのだが。

「彼女との仲も、何故だかギクシャクしてきてしまって」

あの日以来、愛佳さんは少しずつ情緒不安定になっていき、つまらないことで新一さんに食ってかかるようになった。朗らかだった彼女からは想像も付かないような言葉で、罵詈雑言(ばりぞうごん)を繰り返すのである。

最初のうち、新一さんはひたすら愛佳さんの機嫌を取っていた。けれどある日、彼女の投げたグラスが割れて、破片が危うく目に入りそうになった。

一瞬、目の前が真っ白になって、気付いたときには愛佳さんを張り倒していた。

「とまあ、それで御破算です。言い訳にならないですけど、誰かに手を出すなんて、生まれて初めての経験でした」

新一さんの体調も、日に日に悪化していった。

何しろ身体が資本の仕事である。

健康管理には人一倍気を遣っていたのだが、食欲が失せ、常時、倦怠感に付き纏われるようになった。友人には人が変わったようだと言われ、病院では心療内科の紹介状を出された。

仕事も趣味も、一切の情熱が消えてしまった。

「死にたい、楽になりたいって、そんなことばかり考えていました」

そんなとき、新一さんは仕事で訪れたホテルの入り口で、一人の女性に声を掛けられた。

彼女の出で立ちを見て、新一さんはギョッとした。

明るい茶髪をソバージュにした、四十代半ばくらいの女性だった。

ハイビスカス模様のワンピースにサンダル履きというラフな服装で、それ自体におかしなところはない。

問題は、彼女の両手両足、首元に極太の数珠がじゃらじゃらと巻かれていたことだ。

「こう言ってはアレですけど、ちょっと強火なスピリチュアル系に見えました」

新一さんの身体が緊張で硬くなる。

「何か御用でしょうか？」

そう訊ねたところ、女性は彼を睨み付けた。

「あんた、しゃれこうべを踏んだだろ？」

新一さんは声も出なかった。

どうしてこの人がそんなことを知っているんだか分からない。

「随分怒らせたね。早いとこ供養してやらないと、あんた死ぬよ」

そう言って女性は、自分の左手に巻いた数珠を外し、新一さんに手渡した。

「左手に巻いときなさい。それで当分は大丈夫だ。でもあんたはすぐにそのしゃれこうべを懇ろ(ねんご)に弔いなさい。手遅れになるよ」

その方法までをも、女性は丁寧に説明してくれた。

頭蓋骨の破片を一枚残らず拾い集め、それを清酒で洗い清める。然る後、ヒラウコー（沖縄線香）を焚き、一心にお経を唱えろというのだ。

「その人は、沖縄本島から少しの間、仕事で来ているとのことでした」

彼女曰く、ユタの修行こそしていないものの、昔から不思議なものを見たり聞いたりする能力があるらしい。

いつもの新一さんなら一笑に付してしまう話である。

「ただ、その人に言われるまま、左手に数珠を巻いてみたら、ほんのちょっとだけ、気分が爽やかになった気がしたんです」

医者も頼りにならないし、この人の言う通りにしてみよう。

そう考えた新一さんは、翌日、早速に洞窟を訪れてみることにした。

が、確かこの辺り、と見当を付けた場所に行ってみても、あの道が見つからない。

結局、その日は周囲が闇に包まれるまで探し続けたのだが、無駄足に終わった。

翌日も、更に翌日も、仕事の合間を縫っては、新一さんはマングローブの樹間に目を光らせた。

あっという間に、一週間が過ぎた。

依然として、成果はなかった。

「絶対におかしい、と思いました」

まるで何者かの意思が働いて、彼を妨害しているようだ。

あの女性と連絡を取ろうと試みたものの、教えてもらった番号に幾ら電話を掛けても、電源が入っていないとのメッセージが流れるばかりだった。

業を煮やした新一さんは、以前、女性と出会ったホテルに向かった。

そこには仕事でよく出入りしているとの話だったから、運が良ければ出会えるかもしれないと思ったのだ。

フロントで知り合いのコンシェルジュを見つけて、女性の所在を訊ねた。

すると知り合いは露骨に顔を顰め、新一さんを裏口まで引っ張っていった。

「あんた、知らないのか？　ここ数日、大騒ぎだったんだぞ」

「大騒ぎって、何があったんですか？」

「あの人、死んだんだよ」

「はあ？　あの人って？」

「あんたが探してる人だよ」

酷い眩暈がして、新一さんはその場に倒れてしまいそうだった。

聞けばその女性は一週間前、ホテルの浴室で手首を切って自殺したのだという。

「一週間前って、それは僕が彼女と会った日のことですから」

つまりあの人は、新一さんと別れて数時間後には、鮮血で真っ赤に染まった浴室にその身を横たえていた訳だ。偶然にしてはあまりにできすぎている。

更に不思議なのは、この一週間、洞窟探しに血眼になっていたとはいえ、狭い島内で起きたそんな事件を、今の今までまるで知らなかったことだ。

それからというもの、新一さんは仕事以外の時間の殆ど全てを、洞窟としゃれこうべの捜索に当てている。

「知人の伝手で本島のユタさんを紹介してもらったんですが、あの女性と同じことを言われましたよ」

曰く、しゃれこうべを供養せよ。

そうしなければ命はない、と。

けれどその先のこととなると、ユタは口ごもってしまい、洞窟の場所は分からずじまいだった。

「目下、一番の心配はこれのことです」

暗鬱な面持ちで、新一さんは左手に巻いた数珠を大事そうに撫でさすった。

あの日以来、肌身離さず身に着けているそうだ。

「僕が何とか頭蓋骨を見つけて供養を済ますまで、どうにか保っていてくれたら良いんですけどね」

未だ、新一さんはしゃれこうべを供養できていない。

恥さらしの仏壇

天草さんが学生時分の後輩であるミキちゃんは、大学を卒業してあまり時間も置かず、二十三歳になってすぐに旧家に嫁いだのだという。

だが、夫は結婚して間もなく単身赴任を言い渡された。幸い、一カ月に一度か二度は帰ってくることができる生活だった。ミキちゃんとしては、夫に付いていきたかったが、その時点で妊娠五カ月目だったため、大事を取って嫁ぎ先で夫の帰りを待つ生活になった。

その家の仏間には立派な仏壇があった。だが、そこにはいつも空のお膳が供えられたままになっていた。

嫁いできた者としては、家のことをしなくてはならないとは思うのだが、家ごとに仏事などにはしきたりもあるだろう。そう迷っているのを見て、義父母は仏間は掃除してくれれば有り難いが、仏壇には手を付けなくていいと言ってくれた。

しかし義父母の言葉があっても、流石に埃をかぶっている仏壇は見るに見かねて、ミキちゃんはある日、仏壇の清掃をすることにした。

丁寧に仏壇の埃を払い、お膳も綺麗に洗い、御飯やおかず、お茶を入れて供えた。

だが、それに気付いた義理の祖母が慌てた様子で下げ膳をした。

何か悪いことでもしたのだろうかと戸惑っていると、彼女はミキちゃんに向かって怒ったような口調で告げた。

「この先、ややこを無事に産みたければ二度と余計なことはしないように」

赤ちゃんを無事に産みたければって、一体何があるというのだろう。

ただ、嫁ぎ先の方針には理由もあるのだろうと、そのときは分かりましたと頭を下げた。

だが、そうは答えたものの、実家では仏さまは大切にするものだと教えられ続けてきたこともある。仏壇に空のお膳を供えておくよりは——との気持ちから、毎日ではないものの仏壇の掃除などは続けていた。

ある日、義理の祖母から呼ばれた。

「あなた、まだ仏壇の掃除をしたり、お供えをしたりしているでしょう」

「——はい」

こうもはっきり言われると言い逃れもできない。

その返事に、義理の祖母は溜め息を吐いた。

「ミキさんの心根が優しい人だというのは知っています。だから仏さまに何かしてあげたいと思うのも分かるのです。でも、あの仏壇は理由があって、ああしているのです。あの仏間の仏壇には、良い亡くなり方をしなかった親族――恥さらし――を祀っています。それ以外の御先祖様をお祀りしている仏壇はちゃんと別にあって、毎日お線香やお膳も欠かさずにしているんですよ」

そのための特別な仏壇なので、あえて粗末な扱いをしているのだと教えられ、ミキちゃんは何故空のお膳が供えられていたのかを納得したという。

その日以降、ミキちゃんは仏壇やお膳に手を付けなくなった。

先日の説明で家々には独特の風習があるということを納得したこともあるが、それ以外にも少々気持ちが悪いことが起きるようになったからだ。

まず夢見が悪い。

気が付くと薄暗い家の中で、周囲を沢山の老若男女の発する声に囲まれている。ただ、姿ははっきりとしていない。声に耳を傾けると、皆飢えているらしいことが分かる。その「お腹空いた」とか「御飯ちょうだい」といった声に押されて、急いで食事の支度をするが、炊けた御飯はよそえないし、できあがった味噌汁も掬えない。

汗だくになって目を覚ますと、布団の周囲から、夢の中で聞こえていたのと同じ声が、まだ聞こえてくる。

夜は休めない。

妊婦だが、妻として家のこともしないといけない。

ややこを無事に産みたければ二度と余計なことはしないように——。

時々あの仏壇のことを思い出してしまう。悪夢と関連もあるのだろう。

自分が余計なことをしてしまったからだ。

ある夜に見た夢は、酷い悪夢だった。

幾人もの影が腹の上に覆い被さってくる。しかし身体に力が入らず、全く動けない。声を上げることもできない。

「やめて！」

お腹の中には赤ちゃんがいるのだ。

心の中で何度も叫び声を上げていると、影は消えた。

ほっとしていると次は部屋の隅に小さな男の子が現れた。

まだ全身に力が入らない。視線で男の子を追っていると、彼はすぐ横に立ってニコニコと邪気のない笑みを浮かべた。

だが、その笑みを見た瞬間に、ミキちゃんは心底ゾッとした。

直後、男の子は飛び上がって、彼女の腹の上に着地した。

衝撃と痛みで気が遠くなる。

——赤ちゃん！

その後、何度も腹の上で飛び跳ねられて、気が付くと気を失っていた。

朝目覚めたときに、不安が押し寄せてきた。

病院へ行って診断を受けたが、既に赤ちゃんの心臓は止まっていた。

後悔をしてもし切れない。

夫に何て言って謝ろう——。

診断の後で入院になった。連絡を聞いて夫も帰ってきてくれた。

妊娠十二週以降になると、外科的な処置ではなく、陣痛促進剤で出産することになる。

亡くなった赤ちゃんは、まだ五十グラムとちょっとしかなかった。

ミキちゃんには色々と限界だった。彼女は酷く塞ぎ込み、夫にもまともな対応ができなくなっていた。

一日の大半を寝て過ごす。だが、ずっとうなされ続けた。

退院した後も、暫くは療養を続けていたが、夫は仕事先に戻らねばならない。

見る夢は、更に酷いものになっていた。

薄暗い部屋で棺に入った自分を、無数の影が取り囲んでいる。

その手が身体のあらゆるところに伸びてくる。身体から肉片がちぎり取られる。

影達はそれを口に運び続ける――。その生々しい咀嚼音を聞きながら、毎朝目が覚める。

ミキちゃんは日に日に痩せていった。病院で診てもらっても、原因不明のままだ。ストレスが原因と診断され、睡眠障害の薬が出されたが、それも効き目がなかった。

あっという間に体重は四十キログラムを割った。


「私、離婚することになるかもしれない」

天草さんの元にミキちゃんから連絡が入ったのは、彼女が退院して暫くしてからだった。

幸せな結婚生活をしているとばかり思っていた天草さんは驚いて、とにかく後輩の話を聞くことにした。

「恥さらしの仏壇に、私がお供えをしちゃったから、全部悪いことになってしまったの」

ミキちゃんの話す内容は信じられないことばかりだったが、彼女がとても辛い思いをしてきたのは理解できた。

そして自分のことを信じて連絡を取ってくれたのだ。

天草さんは、せめて話だけは真剣に聞こうと思った。

ミキちゃんの話によれば、〈恥さらし〉は常に飢えており、新鮮なもの、美味しいものを一度でも口にしてしまうと取り返しの付かない事態に陥るのだという。特に食べ物を与えた者が妊娠している場合には、赤ちゃんを奪われてしまうこともあるのだ。

「だから、向こうのお婆さまもミキちゃんに言ったんだ——」

「そうなの。でも私が馬鹿で、言いつけも守らなかったから」

代々家に嫁いでくる者にそう伝えていると言っても、それなら結婚前に知らせるべきなのではないだろうか。

天草さんはそう思ったが、口には出さなかった。

その後、彼女の夫か、その家の者が見るに見かねたのか、それともミキちゃんのほうから申し出たのかは分からないが、その後正式に離婚になったという話は聞かせてもらった。

離婚した後は、体調不良も治まり、体重も少しずつ回復して元気に過ごしているとのことだった。

それから二年ほど経った。

天草さんはミキちゃんと変わらず交友を持っていたが、お互い仕事で忙しいこともあって、なかなか顔を合わせることはできなかった。

ある日のこと、ミキちゃんから、天草さんの自宅で話をしたいとメールで連絡を受けた。

一体何があったのだろう。

二年前のことを思い出すと、不安な気持ちになる。

ただ、あの日と同じように、自分を信じて話を切り出してくれたのだろう。

それならば——。

日取りを決め、話なら聞くから遠慮しないでほしいと返信した。

天草さんの元を訪れた後輩はとても消耗していた。

恐らく日に何時間も眠れていないのではないかと思えるほどだった。

ミキちゃんは、信じられない話をするかもしれないけど、驚かないで聞いてほしいと告げた。

天草さんは黙って頷いた。

「先日、以前の嫁ぎ先で供養祭があるとのことで、私の元にも連絡が入ったんです」

彼女はゆっくりと話を始めた。

そこでは生まれてこられなかったミキちゃんの赤ちゃんの供養も一緒に執り行われるという話なので、少し迷ったが彼女も参加することにした。

公共交通機関を乗り継いで、指定された大きなお寺に集合したが、そこに元義理の祖母の姿はなかったという。

供養祭では何人もの僧侶が読経をしていった。結婚式でも見なかった親族が集まっているのも理解した。元夫は参加していたが、あまり言葉は交わさなかった。

供養祭の後半に、焼香を行う場面があった。

その焼香の列の殆ど最後に並ぶように指示された。

ミキちゃんの番が回ってきた。

生まれてこられなかった赤ちゃんのことを思い出しながら、黙って焼香を済ませた。

だが席に帰ろうとしたときに、会場のスピーカーから声が響いた。

「九月二日ミキちゃんは死にました！」

男の子の声だった。

それは周囲の全員の耳に入った。参加者がざわつく。

誰かの悪戯にしても悪質だ。しかし、そのスピーカーに接続されているはずのマイクは、電源が切られており、周囲に子供の姿もなかったという。

そんな話をした後で、ミキちゃんは意を決したように立ち上がった。

「話だけなら、本当に私が死んじゃうか分からないじゃないですか――でもこれを見て下さい」

彼女は服を捲り、胸部と腹部を天草さんに見せた。天草さんは医療関係の仕事をしている。だから相談相手に選んでくれたのだろう。

ミキちゃんの滑らかな肌の、心臓の周辺と、臍（へそ）の周りに、小ぶりの噛み跡が浮かび上がっていた。まるでミミズ腫れのようだが、その歯型は人間のものに相違ない。

「ずっと前に、私が棺に入って、身体を貪り食べられる夢を見た話をしたじゃないですか」

忘れるものか。彼女が死産する直前に見ていた夢だ。

「あの日から、日増しに増えているんですよね――この歯型」

「子供の――」

「うん。あと九月二日って」

「あと半月もないじゃない！」

「そうなんです。笑い話になってくれればいいんですけど――」

九月二日に、ミキちゃんは亡くなった。

死因は原因不明だという。

ただ、身体の腐敗が酷かったため、火葬をしてからの葬儀告別式となった。

葬儀の場でミキちゃんの母親から聞いた話によれば、彼女の死因は、皮膚や内蔵が壊死したことによる多臓器不全だったとのことである。

鍵

名越さんの趣味は廃墟探索だった。

「だった」というくらいなので、もう既に現役を退いており、今はかつて訪れた廃墟の写真や他の探索者がＳＮＳにアップロードした写真を眺めるに留めている。

彼が引退を決断したのには、とある理由があった。


廃墟探索をする際には廃墟情報サイトを使う人も多いが、名越さんは違う。

既に人の侵入を許した廃墟は破壊や盗難、落書き等々で元の状態を毀損されている場合が大半であり、そのような風情のない物件には興味を注がれなかった。

だからこそ、名越さんはオークションで古い電話帳や住所録などを競り落とし、そこに記載されている企業の現状をインターネットで検索するという手法を取っていた。会社の名前と住所が分かれば、あとは航空写真で「今どうなっているか」が分かるのだ。

大抵の建物は企業の命運とともに姿を消すのだが、廃墟として生き残るものには共通点があるそうだ。名越さんは、その匂いを嗅ぎ取ることに長（た）けていた。

斯くして目を付けたのが、関東にある某事業所の社員寮跡だった。

事業所が閉鎖した理由は、ありがちなものだ。安価な外国資材の流入、機材等の老朽化、代替エネルギーの台頭。時代の流れとともに少しずつ事業規模が縮小し、やがて墜落するように終焉の日を迎えた。事業主は静かに後始末を行い、集った者達も散っていく。

その事業所が建つ場所は、事業主が代々受け継いできた土地であった。こういった場合、下手に取り壊さないほうが税金額は安く抑えられる。

以上の経緯で放置され、廃墟化したのが、件の社員寮である。

三階建ての、当時としては少し大きめの物件。事業所は目と鼻の先にあり、周りには竹林しかないため、遊びたい盛りの若者は体力を持て余しそうだ。

苦心して手に入れた事業所紹介のパンフレットによると、一階には食堂と談話室と大浴場、二階には居室とテレビ室、三階も二階と同様の作りだが、奥には小さな図書室があるらしい。事業所の最盛期はバブル経済の頃だったこともあり、社員の獲得には苦労したのだろう。卑屈なまでの手厚さを覚える整った設備に、事業主の人の好さが窺える。名越さんは、なるべくして訪れた事業の運命の酷薄さに思いを馳せた。

建物は至るところがベニヤ板で塞がれていた。侵入防止の策というより、ガラスを保護するためのように思える。建物自体も瀟洒なデザインで、経年の汚れや廃墟独特のやさぐれた雰囲気に目を瞑れば、十分今でも使用可能な状態である。

大方、事業主も転売を想定した上で建物を保存していたのかもしれない。

建物全体をぐるりと一周する。やはり窓という窓、ドアというドアにベニヤ張りがしてある。確かに手付かずの廃墟ではあったが侵入は難しそうだ。こういう空振りもままある。せめて、引きで全体写真だけ撮って帰ろう。

カメラのファインダーを覗きながらじりじりと後ろに下がる。二歩、三歩。四歩目のところで、急に背中が何かに接触した。驚いてカメラから目を離し、振り返る。

そこには作業着姿でごま塩頭の初老の男性が、穏やかそうな笑みを湛えて立っていた。

「こんにちは。何か、御用ですか」

さあっと初夏の爽やかな風が吹き、竹の葉を揺らす。擦れあう葉の軽やかな音を聞きながら、名越さんの心臓は早鐘を打っていた。

ここは私有地である。そして、自分はカメラを携えた不審者である。

この男性が「不法侵入者がいる」と警察に通報すれば、お縄になるのは確実だった。

最近は特に心霊スポットや廃墟探索をする不届き者に対する取り締まりが強化されており、同好の士も何人か捕まったという話も聞いた。振り切って逃げ出そうにも、バイクは男性の後ろに駐輪しているし、ナンバーを控えられていたらそれまでだ。

逡巡したのち、名越さんは素直に頭を下げた。

「申し訳ございません。素敵な建物があるという噂を聞いて、撮影をしに来ました」

幸か不幸か、まだ中には侵入していない。建造物侵入罪には当たらないはずだ。

必死になって狡い計算をしている名越さんとは裏腹に、男性は相変わらず笑みを浮かべ、泰然と佇んでいる。不信感や敵意を顕わにしないことに、逆に名越さんは戸惑ってしまう。

「うちの建物、そんなに評判が良いんだね。知らなかったよ。良かったら、中も見ていきなさい。丁度今は時間があるから、案内してあげるよ」

思わず、変な声が出た。

通報されなかっただけでも有り難いのに、その上、建物の中も見せてくれるという。

これは、今年の運気を全部使い果たしたな。

名越さんは平身低頭になりながらも、全身の血が沸き立つような興奮を抑えることができなかった。

初老の男性は石引と名乗った。この建物の管理者だそうだ。

定期的に下草を刈ったり、館内の清掃を行っているらしい。その割には建物全体から黴臭さと荒んだ雰囲気を感じ取ったが、自身の後ろめたさもあって名越さんは口を噤んだ。

それにしても、何処から入るつもりなのだろうか。

全ての出入り口と窓はベニヤ板で塞がれている。一見すると、内部に侵入できる扉などないように見えた。しかし石引さんは何の迷いもなく正面玄関に当たる場所に近付くと、ベニヤ板に開いたコインほどの穴の中に、黒い棒状のものを突っ込んだ。カチャンと小気味の良い音が響く。石引さんの手元をまじまじと見つめるも、手に持っているのは凡そ鍵には見えない。五センチほどの大きさのそれは、木っ端か印鑑のように思えた。

「ここの鍵、鉄砲錠なんですか。珍しいですね」

正直言って、防犯とは縁遠い形状の鍵ではある。世間話のつもりで名越さんが訊ねると、それまで快活そうに話していた石引さんの動きが止まった。まるで急に電源が切れたみたいに、大きな目を更に見開き、呆けたような顔で名越さんを凝視している。

え。何か、まずいことを言ったかな。

名越さんの背中に厭な汗が伝う。一分、二分。石引さんは像のように動かない。

「あの、石引さん。大丈夫ですか？」

恐る恐る、石引さんの肩に触れる。その瞬間、まるで再起動するかのように、石引さんの目に光が宿り、顔にも柔和な笑みが戻った。

「ああ、ごめんね。ちょっと、ぼうっとしちゃった」

首に掛けた鼠色のタオルで顔を拭うと、石引さんは鍵を引き抜き、扉を押し開けた。

「よかったら、どうぞ」


寮内に一歩入った瞬間、名越さんは驚きのあまり声を上げた。

白と青を基調として造られた長い廊下、社員寮というよりは、外国の寄宿舎を思わせる内装だ。何より意外だったのは、内部の明るさだった。窓に揺れる新緑の影を見ると、深呼吸したくなるほど開放的な、でも何処か郷愁的な気持ちになる。

電気を点けていないのに、隅々まで見通せるほどに明るい。これならストロボも必要ない。夢中になってシャッターを切り続ける名越さんを、石引さんは微笑ましく眺めていた。

外観からは想像付かなかったが、確かに内部の清掃は行き届いていた。

一階の食堂、談話室、大浴場は、今日からでも利用を再開できそうなくらい、しっかりと整備されている。水回りもピカピカに磨かれていた。二階も同様である。廊下にも居室にも、塵一つ落ちていない。それだけに、外観の廃れ具合が気になった。

高齢の石引さん一人の力では、外壁に付いた汚れを落とすのにも限界があるのだろう。

名越さんは無理やり納得し、社員寮の中をひたすら撮影して回った。

三階に到達したところで、石引さんは一人離れ、フロアの奥の小部屋へと消えていった。確か、図書室に当たる部屋だ。名越さんは撮影を継続しつつも、石引さんの後を追っていく。図書室の中は想定よりも物が少なく、さっぱりとしていた。六畳ほどの部屋、左右の壁にはガラス戸付きの本棚が誂えられており、中には隙間なく書籍が詰まっている。部屋の中央には木製の机と椅子二脚があり、その一方に石引さんは腰掛け微笑んでいた。

黄ばんだカーテン越しに枝葉が揺れている。布の色味のせいか、部屋全体がセピア色に落ち込んでいるように思える。大きな窓があるというのに、やけに薄暗い部屋だ。もう一脚の椅子が、既に引いてある。名越さんは導かれるように、石引さんの対面に腰を掛けた。

「疲れたでしょう。食事にしましょうよ」

ふと腕時計に目を落とす。午後四時。食事には少し早いのではないだろうか。

目の前には、アルミの皿に盛られた飯がある。チャーハンかピラフの類いのように見える。傍らに置かれているグラスには水が注がれている。

こんなもの、いつの間に用意したのか。

ぐるりと図書室内を見回すが、炊事ができそうなスペースは見当たらない。

「お気遣い、ありがとうございます。生憎、腹が減っていなくて……」

名越さんは、なるべく丁寧に聞こえるよう辞退した。腹が減っていないのは事実だったが、空腹だったところで、何処から出てきたか分からない飯を食べる気はしなかった。

返答がない。

石引さんの様子を盗み見て、鳥肌が立った。大きな目を見開き、口をポカンと開けている。先程と同様に、完全停止していた。先刻はてっきり放心しているように思ったのだが、違う。至近距離で見て、漸く分かった。身体のどの部分も全く揺るがないのだ。瞳も、喉も、睫毛（まつげ）一本も揺らがない。身動（みじろ）ぎ一つしない。まるでビデオの一時停止だ。

遅まきながら、この時点で漸く名越さんにも危機感が芽生えてきた。思えば、できすぎた話だった。内部も大体見終わったし、そろそろ帰ろう。

「ごめんなさい。俺、そろそろ帰らなきゃいけなくて。本当にありがとうございました」

そう言って、席を立つ。石引さんは応えない。無言ということは、了承したということだ。名越さんは勝手にそう解釈すると、荷物を持って石引さんに背を向けた。

「……が、ないよ」

立ち止まる。何が、ないのか。問いかけようとした瞬間、すぐ耳元で声が聞こえた。

「鍵が、ないよ」

ハッとして、振り返る。そこには石引さんの姿はない。歪んだ窓のサッシから吹き込む風で、千切れたカーテンが揺れている。机の上には、虫の死骸と枯れた植物が入ったコップと、ぐずぐずに腐った黒い物体が乗ったアルミの皿、そして青背景に微笑む石引さんの肖像写真。

思わず、細い悲鳴が漏れた。

あり得ない。さっきまで一緒にいたはずである。

逃げようとして廊下に向き直り、絶句する。真っ暗なのだ。何も見えない。先程までは確かに見えていたはずなのに、暗闇である。持っていた懐中電灯で窓を照らして、合点がいった。暗いのは当たり前なのだ。全ての窓がベニヤ板で塞がれているのだから。

恐る恐る、廊下を進む。足元がじゃりじゃりと鳴る。放置されて随分経っている。懐中電灯が空中に舞う埃を照らし出す。

上ってきた階段を、下りていく。三階から二階へ、二階から一階へ。恐怖で上手く呼吸ができない。心臓が早鐘を打つ。今すぐに全てを放り出して、泣きながら蹲(うずくま)ってしまいたい。そんな思いを抱えながら、漸く正面玄関まで辿り着く。早くここから出たい。

扉を押す。開かない。もっと強く押す。開かない。体当たりをする。びくともしない。

恐怖心とパニックで、全身から厭な汗が噴き出す。おかしい。入ってきたんだ。開かないはずがないじゃないか。扉を叩き、蹴り上げる。開かない。

ふと、図書室を出るときに聞いた石引さんの言葉を思い出す。

鍵がない。だから、出られない。

あのとき、石引さんは鍵を作業着の胸ポケットに入れていた。今から三階に引き返して、鍵を探すべきか。いや、もう戻りたくない。そもそも、石引さんがいるという保証もない。どうすることもできない。

扉を弄りながら絶望感に打ちひしがれていたとき、指の先に違和感を覚えた。懐中電灯で該当部分を照らすと、直径一センチほどの凹みが見える。鍵穴だ。

確か、建物に入る際、石引さんが使っていたのは鉄砲錠という箪笥の鍵などに使われる単純な構造のものだった。以前、実家にあった曾祖母の遺品の桐箪笥にも同様の鍵が付いており、ドライバーを使ってこじ開けた経験がある。鍵穴に棒状の物を突っ込み、力を掛ければ鍵を壊せるのではないか。鞄の中を漁ると、ボールペンが出てきた。鍵穴に突き刺すも、上手くいかない。どうも強度が足りないようだ。それならば懐中電灯から電池を取り出す。今度は太すぎる。

気が焦る。懐中電灯の灯火がなくなり、周囲が闇に沈んでいる。ベニヤ張りの窓の隙間から、糸のように細い明かりが漏れているが、それだけでは何も見えない。

何処かに鍵穴に適合する太さのものはないか。

名越さんは既に、やけっぱちになっていた。人差し指を突っ込み、ぐりぐりと抉る。指先に鋭い痛みが走るが、気にせず鍵穴に指を押し当て、扉に体当たりをし続ける。すると、急に身体が浮いたと思ったら、眩い光に目がくらんだ。思わず、目を覆う。

外だ。

涙が出た。恐る恐る背後を振り返ると、丁度ゆっくりと扉が閉まるところだった。改めて建物を仰ぎ見る。どこもかしこもベニヤ張りされている。ただ一箇所、図書室に当たる部屋だけは、枝が当たったのか、ベニヤ板が地面に落下していた。

この場所に、長居したくない。

先程怪我をした指の先が痛む。名越さんは、そそくさとバイクに跨がった。

後日。

いつまで経っても痛みが取れない指先に違和感を覚え、整形外科を受診したところ、人差し指のPIP関節（第二関節）を開放性骨折していることが判明した。少なくとも骨折を疑うような痛みを感じていなかったのだが、診断が下りた日からどんどん指の状態は悪くなっていき、腱の再建手術を受けるまでに至った。予後も悪く、創部の皮膚は壊死し、現在も利き手の人差し指を動かすことができない。

結局、この怪我をきっかけに、名越さんは職を辞すこととなった。

指の手術の翌日、社員寮跡から戻って以来、触っていなかったカメラの電源を入れた。深く息を吸って、SDカードの中身を検めていく。総数、三百枚。その殆どが真っ黒く塗り潰されたようなものか、何か不明瞭な光の筋が写し出されているだけだ。

ただ、一枚。撮影した覚えのない写真が入っていた。

三階の図書室を、廊下側から写したものである。この場所だけは窓が塞がれていなかったため、明瞭に内部が写し出されていた。

改めて見直すと、あの日感じたはずの清涼な雰囲気を感じられない。床には山ほど埃が降り積もっているし、カーテンは染みと黄ばみでセピア色に変色している。

部屋の中央には、木製のテーブルと椅子二脚。机上には、一枚の写真と枯れた花、アルミ皿に載った黒い腐敗物が、まるで祭壇のように誂えられている。そして。

拡大してみて分かったが、左側の書棚のガラス戸に作業服を着た男性が映り込んでいた。

物悲しそうな笑みを浮かべ、肩を落とし、静かに佇んでいる。

後に、仕事の伝手を頼って調べたところ、名越さんが訪れた事業所の経営者は、会社を畳んだ二年後に病死していることが分かった。名越さんの手元には、同業者交流会でグラスを掲げる経営者の写真がある。作業着を着たごま塩頭の老人が、穏やかな笑みを浮かべている。

以上が、名越さんが廃墟探索の趣味を引退した理由である。

部屋中(へやなか)の井戸

早由(さより)さんの叔母が嫁いだ先での話になる。

今でも残されているのかどうかは不明だが、筑豊の炭鉱町に、変わった建物があった。

車道から、一段低い敷地へと下りる石の階段が伸びている。結構立派な造りをしているが、その階段が敷地の左右にある。

そこを下りると、昔でいう十軒長屋のような造りの、やたらと細長い、木造で背の低い屋敷がある。

十軒長屋の両端に広い石の階段。古いとはいえ、しっかりとした造りの長屋風の屋敷。

その駄々長いというか、広い屋敷に住んでいたのが、叔母の姑とお手伝いさんだった。

その屋敷に、早由さんが入ったのは、叔母の姑の葬儀のときだった。

ただ早由さんの母は、娘を葬儀に連れていくのに酷く反対しているようで、朝から夫と大げんかになっていた。

確かに、そう近い親類でもなく、行かずとも悪くは言われまい。

だが、叔母から直接家族で来てほしいと電話で頼まれたらしく、母は、忿懣（ふんまん）やる方なしといった様子だった。

普段から厳しい性格の母との旅。あまり気乗りはしない。

不機嫌なままの母は、早由さんに奇妙なことを命じた。

「あちらに行っても、水仕事や料理の配膳は絶対に手伝うな。屋敷の中もうろつくな。見知らぬ顔とも話をするな」

三点だが、葬儀では女手は労働力として欲されているのではないか。しかも動いても話してもいけないとは、何のために行くのだろうか。

当時十四歳だった早由さんは困惑したが、母親の命令は絶対だ。

叔母からその家の話は色々と聞いている。昼間でもやけに薄暗いとか、人がいないのに衣擦れのような音がするとか、奇妙な話だった。ただ、それを母親は嫌って、「お前には関係ないから気にするな」と繰り返した。

その一連の話の中に、「部屋の中に井戸がある」というものがあった。断片しか耳にしていないが、早由さんの中ではいつまでも印象に残っていた。

ただ、それも今回の旅では確認の機会は得られそうになかった。

弔問客には、誰一人として見た顔はいなかった。屋敷の中を忙しく動いている人の中にも、知った顔はいなかった。

つまり、誰とも話せない。

知らない人と話せと言われるよりはいいか、と思いながら、彼女は台所の隣の部屋で、葬儀の後もじっと一人で座っていた。

全く、何のために来たのか分からない。そのうち、彼女はお手洗いに行きたくなった。襖を開けると台所が目に入った。そこには少し黄ばんだような、大きめのお茶碗が七個ずつ積まれているのが見えた。全てが男性用のような、大きめの茶碗ばかりだ。真っ黒と真っ赤の汁椀も、七杯ずつ積まれていた。

お手洗いの前には、廊下を挟んで広々とした日本間が見えた。

かなり古い御膳が、右側、左側に七つずつ並んでいる。

「退いて退いて！」

そのとき後ろから声がして、驚いて避けた。

自分以外の女衆は御膳の準備に忙しいのだ。ただ、そのお盆の上に載せられているものを見て、早由さんは驚いた。

昔話盛り、とでも言えばいいのだろうか。滑稽なほど丸く高く盛り上げられた御飯の碗とともに、味噌汁の碗が次々に御膳の上に並べられていく。

――何、あれ。

今までに見たこともないような盛り方で、見ようによっては不謹慎にも見える。

そして、御飯からも、味噌汁からも、一切湯気が立っていないことに気が付いた。

葬儀の後の御斎（おとき）では、冷えたものしか出さないという習わしもあるとは聞くが、用意されているのは奇妙な御飯と味噌汁だけだ。

こんな風習は、聞いたことがないなどと思いながら部屋に戻ると、畳の上にお盆が置かれていた。

盆に乗せられた皿の上には、まだ温かい塩むすびが一個と、漬物。お腕には豆腐の味噌汁がよそられていた。

〈これ以外は、絶対に何も口にするな〉

そう書かれた書き置きが横に添えられている。母親の文字だなと、すぐに了解した。

常日頃から少食であった早由さんは、塩むすびだけで満腹になった。

あとは、母親が迎えにくるまで、ぼんやりとしているしかない。

そう思って鞄を開け、持ってきた本を取り出した。

そのときに、音を立てて襖が開いた。

小学校三、四年生ほどの背丈の、小柄な女性が入ってきた。

脂気のない渋紙のような肌。

中途半端に開いた口からは黄ばんだ乱杭歯が見えた。

髪型もざくざくと乱雑に切っただけ。

そんな中年女性が、濁って血走った目をぎょろぎょろさせて、早由さんのことを睨み付けた。

思わず悲鳴を上げそうになる。

――喋っちゃいけないんだよね！

母親の言いつけを思い出し、必死に声を上げないようにする。

しかし、その何とも言いようのない風情の中年女性は、早由さんに向けてがらがらした掠れ声を上げげた。

「こん、ごてしんが！」

押し殺すような言い方だった。

恐らく当地の方言だろう。

何を言われたのか分からない。あまり良い意味ではないだろうということは分かったが、そもそも母親からは誰とも話すなと言われている。

早由さんはその場から立ち去ることにした。立ち上がって台所に入ると、もう女性は追いかけてもこなかった。

胸を撫で下ろして、周りを見回すと、先程てんこ盛りに御飯をよそっていたものと同じ碗がある。

だがその碗の設えがおかしい。

大きな碗だとは思っていたが、それは異様な程に上げ底になっていた。

あの奇妙な御飯の盛りは、この上げ底のせいのようだ。

見れば味噌汁にも具は何も入っていない。

御膳に設えられた御飯と味噌汁といい、建物の造りといい、部屋の中に井戸があるという話といい、建物がある道から下といい、どれも理由の想像が付かない。

建物の中を見て回りたい衝動に駆られたが、母親からは屋敷の中をうろつくなとも言いつけられている。

仕方がないので、元の部屋に戻り、とりあえず空になったお盆を台所に持っていく。

見た限りでは、部屋中の井戸はどうやら客の目に付くところにはないらしい。うろうろするなと言われている以上、あとは母親が迎えにきてくれるのを待つばかりだ。気にはなるが、後で何か言われるのも癪だ。いつかまた叔母と直接話す機会もあるだろう。

御斎が終わり、母親が迎えに来た。色々と説明してもらいたいことばかりだ。

「――ねぇ、ここってさ」

訊ねようとすると、母親は口に人差し指を当て、黙っていろとサインを出した。

確かにまだ屋敷の玄関先だ。周囲には親戚や関係者もいるだろう。何を聞かれるか分からない。

早由さんは黙ったまま母親と帰路に就いた。

帰宅してから早由さんは母親に、叔母の屋敷で変なおばさんから方言で文句を言われたと打ち明けた。

「どんなおばさんかね」

件の中年女性の汚い肌や歯の様子を挙げ、小ぶりの怪物のような感じだったと告げた。

すると母親は、ふぅと深く溜め息を吐いて言った。

「あんた、その人と喋らんやったろうね」

「喋ってないよ！」

そのときはそれで終わった。

後日、大人になるにつれ、方々から色々な話を耳にした。叔母本人は固く口を閉ざして教えてくれなかったが、人の口に戸は立てられないと言うことだろう。

叔母が嫁いだ先は、当地でも有数の富豪だったが、その理由の一つは、娼館の経営をしていたことがあったらしい。

御斎が開かれた屋敷は元々娼館で、炭鉱主を相手とする娼婦達がいた。

昔々、炭鉱全盛期の時代に、女は湯水のように金を落としていく成金達を相手にするために集められた。娼婦達の親の殆どは、炭鉱で働いていたという。

部屋の中の井戸は、足抜けしようとしたり、逆らう遊女達を拷問する部屋にあるらしいとの話だった。

井戸の水は、常に流れており、そこに何を捨てても、地下深くに流れ去ってしまう。

勿論真偽の程は分からない。

どちらにしろ絶望的な話だ。

そして、もう一つ。あの不躾な中年女性についての話も聞いたという。

今回葬儀のあった叔母の姑は、娘時代に使用人の少女を親から与えられていた。その少女は、貧しい家族から買ったのだと聞かされた。

叔母の姑は傲慢な性格だった。

死に際にその使用人の手首を掴むと、ゾッとするような笑顔を見せた。

「あんたも連れて逝くきね、逃がさんき――」

それが最期の言葉になった。

周りのものは、最後まで酷い主人やったねと、一人として嘆く者はいなかったという。

ただ、その使用人の女性は、叔母の姑が亡くなった二時間後に心不全で亡くなっているのを自室で発見された。

同じ家で同日に二人が亡くなっている。

しかし、葬儀では誰もその女性のことは口にもしなかった。まるで一人しか亡くなっていないような様子だった。

早由さんは、例の女性の写真すら見当たらなかったのを覚えている。

話や容貌から、罵ってきたのはその使用人の女性のようだ。

この世のものではなかったのだろう。

母親の言いつけは正しかった、ということか。

あの女性の口にした、「こん、ごてしんが!」とは、「この、怠け者が!」との意味だそうだ。

恐らく彼女はどんなに真面目に働いても、主人から「ごてしんが！」と、酷く怒鳴られていたのだろう。


あの酷い細工の茶碗は、娼婦達の食事用だったという。

ただ、葬儀に参列した姑の身内の者達、娼館の恩恵に与っていた者達は、これからずっと仏儀の度に、あの底上げの茶碗に盛られた白飯と実のない薄い味噌汁を食べないといけないらしい。

その理由は、母親の口から聞いた。何度も訊ねる早由さんに根負けしたのだろう。

「そうせんとね、部屋の中にある井戸から、出てくるき。氷んごと冷たくなっちから、這い出してくるきね」

部屋の中にある井戸を上から眺めると、轟々と低く激しく水が流れる音が聞こえ、灯りで照らすと盛り上がってくるような水が見えたという。

「あん井戸ん底はね、真っ黒くて、重たい水が流れようき。落とされたら上がってこれんけね。骨も残らんき――」

冥途

彰人さんが育った公団団地は戸数が千戸以上もある巨大な集合住宅である。

父親に関する記憶は殆どない。後年、母親に聞いた話では、彰人さんが五歳の頃、社内教育を担っていた新入社員と不倫関係に陥り、今では別の家庭を築いているそうだ。最低限度の養育費は貰っていたものの、父親と面会した記憶は今日に至るまで一度もない。

十八歳になり、就職で家を出るその日まで、母子二人、古い団地の四階の部屋にひっそりと息を潜めるようにして暮らしてきた。

彰人さんの母親は忙しい人だったが、幸い、公団団地には必要な物が何でもあった。遊び場は勿論、スポーツセンター、スーパーマーケット、コンビニエンスストア、駄菓子屋、郵便局、図書館。最早それは、住宅というより小さな町のようだった。粉っぽいクリーム色の巨大コンクリート群の内側は、彰人さんが大人に至るまでの間、まるで縫い付けられたように同じ時間を繰り返し続けていたように思える。

一言でいうと、代わり映えしないのだ。

まるで遊び倒したＲＰＧゲームのように、全ての風景が予測できる。この先には何があって、誰がいて、どういうことが起きるのか。世間で何が流行ろうと公団団地の衣料品店では数年前に放映された戦隊もののビニール靴が店頭に並び続けていたし、図書館の子供向け映画上映会の内容はいつだって「ジュマンジ」か「ベイブ」か「時をかける少女」のいずれかだった。

だからこそ、異物が侵入したことにはすぐに気が付いた。小学三年生の夏休みだった。

その日、彰人さんは夏休みの自由研究で提出する予定の作品を仕上げていた。牛乳パックを用いて製作したドイツ式のタイガー戦車だった。牛乳パックの注ぎ口を重ねて作った本物のように動く履帯部分が特に気に入っていた。

元々プラモデル作りが趣味で手覚えはあったが、想定以上に良いものができた。

これは、塗装も本格的に仕上げてしまおう。

丁度持て余していた色の水性アクリル塗料があった。部屋にシンナー臭が籠もらないよう、学習机の向こう側にある窓に手を伸ばし、開ける。そのときだった。

窓の向こうの景色に、強烈な違和感を覚えた。何かが違う。

朝、外を見たときとは何かが異なっている。

彰人さんの部屋の真下は、少し大きめの児童公園となっている。連日の暑さを嫌ってか、そのとき公園には誰もいなかった。

まるで間違い探しのような気分だ。

じっくり五分ほど公園を見回して、漸く気が付いた。弾かれたように椅子から立ち上がる。そのままバタバタと階下へと下りていく。途端、四方八方から劈(つんざ)くような蝉の鳴き声が迫ってきた。

やっぱり。

自然とそんな言葉が零れた。児童公園の入り口に立ち、少し遠くを眺める。公園の右端、本来なら鉄製のくず籠が設置されていたはずの空間に、見慣れない木がひっそりと生えていたのだ。

普段だったら気付きはしないだろう。ただ、彰人さんは少なくとも前日にくず籠の存在を確かに確認していた。と言うのも、むしゃくしゃしたときや暇を持て余したときなどに、改造パチンコとビー玉を使ってくず籠を射撃の的にしていたのだ。

前日の晩、誰もいないのを良いことに、街灯で照らし出されたくず籠にビー玉を当てた記憶がある。ガキーンと甲高い金属の音は、間違いなく命中を示していたはずだ。

恐る恐る近付いてみる。土には掘り起こした形跡はない。

まるでその木は何年も前から植わっていたかのような雰囲気で、鎮座している。

高さは三メートルほどの中高木。満開の白い花と黄色の花芯、万緑の葉のコントラストが眩しい。見れば見るほど当たり前に存在するその木に対して、彰人さんは得も言われぬ恐怖心を掻き立てられた。

確かにあったはずのものがない。

それどころか、そこにあるべきではないものが、我が物顔で居座っている。

「あら、彰人ちゃん。こんにちは。暑いわね」

買い物帰りらしい荷物を持って、同じフロアの佐々木さんが話しかけてきた。そういえば、彼女は毎日この公園を横断して公団マーケットまで行っている。

「あの、佐々木さん。この木って、前から生えていましたか？」

彰人さんの問いかけに、佐々木さんも「ええっ」と困ったような表情になる。

「生えていたかって。うーん、前から生えていたんじゃないかしら」

あんまり覚えてないけどね。

そう付け加えると、佐々木さんは大粒の汗を拭いながら自分の部屋へと戻っていった。

シャワシャワシャワシャワシャワとクマゼミの鳴き声を浴びながら、彰人さんは納得のいかない表情で、いつまでも目玉焼きのような花を睨み付けていた。

「ねえ、この木って前から生えていた？」

彰人さん自身も、何故そんなに気になったのか分からない。会う人会う人にそう訊ねるも、誰もその木が生えていることに興味を示していないか、もしくは「生えていたと思うよ」と木があることを当たり前に受け入れている回答が大半だった。

夏休みの宿題は、もう手に付かなかった。

木の周りをつぶさに見て回ったが、特に掘り起こしたような跡は見当たらない。他の木々と同様、苔がへばりついた土には蝉の幼虫が這い出した穴が幾つか開いているだけである。周辺を掘ってみても根はしっかりと張っている。一朝一夕で植えられた木ではないようだ。

でも、確かにあの場所にはゴミ箱があった。

団地に住む他の友人と、あのゴミ箱に石を当てて遊んだ記憶がある。

夏休みの最中、携帯電話など、子供が持っていない時代だ。直接友人宅のチャイムを押すが、どうやら田舎に旅行中の模様である。他の友人もなかなか捕まらない。

記録的な夏日が続いた年だったため、外で遊んでいる子供自体が少なかった。地区センターで遊んでいる子供達もいたものの、大半が携帯ゲームに夢中で、一緒に灼熱の公園まで足を運ぶのを渋られてしまった。

どうにか、あの木が急に現れたという決定的な証拠はないものか。

彰人さんは母親にねだり、乳幼児期のアルバムを出してもらった。随分渋られたものの、彰人さんの執心ぶりにうんざりしていたのだろう。棚の奥から何冊か冊子を取り出すと、机の上に放り投げた。

「私には見せないで」

そう吐き捨てるように付け加え、さっさと部屋を出ていった。

逸る気持ちを抑えながら、革製のアルバムの表紙を開いた。

団地に産まれ、団地に育った。アルバムの写真の大半は、何処かぎこちない笑顔の父とともに、今いる部屋の中で撮られたものだった。母親が見たくないと言った理由が、漸く分かった。

ページを手繰っていくと、一枚だけ、件の児童公園で撮られたものがあった。

プラスチック製の自動車に跨がる彰人さんと、彼に手を添える父親。

そして、背後には街灯と目玉焼きのような花を付けた木が立っている。

確かに、木が写っていた。

決定的な証拠を目にしたはずなのに、彰人さんの頭は到底納得できない。

四日前、部屋からパチンコで鉄籠を揺らしたのだ。あの闇夜に響くガキーンという金属音と、街灯に照らされ揺らめく影を覚えている。しかし、誰もそこに鉄籠があったことを覚えていないばかりか、当たり前のように「昔から木は生えていた」と口を揃える。

心の内側にドロドロしたものを抱えながら、子供部屋の窓を開ける。湿気を孕んだ空気とともに、虫の鳴き声がワッと押し寄せる。視線の先。児童公園の右端には、無数の花を付けた木が、街灯の明かりに照らされて白く仄かに光っている。


翌日。小学校のプール開放で泳いだ後にうたた寝していた彰人さんは、言い争うような声で目を覚ました。何事かと居間のほうに目を遣れば、見覚えのある後ろ姿が目に入る。

悟おじさん。母親の弟だ。母曰く、いい年してぶらぶらと好きなことをやっている駄目な大人の代表格であり、たまに姿を見せるときは、大方家を失ったか金を借りるときだけ。早くに両親を亡くした母にとって唯一の家族ではあったが、その存在を随分疎んでいた。

「お。彰人じゃないか。元気だったか。お前、相変わらずのチビだな」

母親の金切り声にうんざりしたのか、悟おじさんは唐突に彰人さんのほうを向くと、卑屈そうな笑顔で手を振った。見つかってしまったからには、仕方なく会釈する。

彰人さんも、この無遠慮で生活力のない叔父が好きではなかった。

「お前さ、俺がやったプラモ、何処まで進んだ？　見せてみろよ」

前回叔父が手土産に持ってきたロボットアニメのプラモデルは、まだ押し入れに突っ込んだままだ。趣味でもないものを押し付けられて傍迷惑だったが、無関心であることがバレるのも、ばつが悪い。勝手に彰人さんの部屋に入っていく叔父を慌てて追いかける。

すると、悟おじさんは何かに釘付けになっているようで、窓の向こうを凝視しながら呆然と立ち尽くしていた。何を見ているのか。視線の先の公園は、蜃気楼に揺らいでいる。

「おい。彰人。あんなところに木なんて生えていたか？」

叔父の言葉に、彰人さんは雷が落ちたかのような衝撃が走った。

「なかった！　絶対に、なかったよね。俺、みんなに訊いたんだけど誰も気付かなくって」

興奮して早口になる彰人さんを制すと、悟おじさんは何だか難しい顔で暫く黙り込む。そして不意に彰人さんのほうを向き直り「今から見に行こう」と手短に言った。

四方八方から降る蝉の声。時刻は午後二時半。まだ日は高く、噎せ返るような熱気は収まる様子はない。視界が揺らぐ。じりじりと後頭部に照りつける日差しを感じながら、彰人さんは悟おじさんとともに例の木の前に立っていた。甘い花の香りがする。

「六日前まで、確かにこんな木は生えてなかったんだよ」

そう説明する彰人さんの言葉を聞き流しながら、悟おじさんは何かを調べるように木の周りをグルグル回った。そして難しい顔で、何かをゆっくりと指差す。

「おい、あれ。何かあるの、見えるか」

彰人さんも悟おじさんが指差した方向を見遣る。言われて初めて気が付いた。よくよく見れば、遥か頭上、木の幹の天辺に近い所に何か白いテープのようなものが貼ってある。

「お前、肩車してやるから何て書いてあるのか見てこい」

言われるがまま靴を脱ぎ、叔父の肩に乗る。支えてくれてはいるものの、不安定だ。

ただ、肩車をしてくれたことで、テープに書かれている内容は見えた。テープというよりは、何か文字を書いた付箋紙が短冊のようにぶら下がっているようだ。手は届かないが、文字自体は読むことができる。だが。難しい漢字が多く、意味が分からない。

見る、五つの、空。何だろう。一部は字が滲んでいて判読すら不明だ。

おじさんにその旨を伝えると、呆れたといった調子で舌打ちをした。

「馬鹿なりに、読める漢字だけ読んでみろよ」

ムッとしながらも、読める漢字だけでも拾おうとした瞬間、何故かするりと漢字の読み方が口から出てきた。異様な感覚だった。口に含んでいたビー玉が、つるりと零れ落ちるような奇妙な感覚。出てきた声も、自分のものではなかった。

ただ彰人さんがそれを言い終わった途端、叔父さんは自分を肩から下ろし、はらはらと涙を零した。偏屈な叔父が涙を流す姿に、彰人さんはギョッとして言葉を失った。

「分かった。もう分かったから、あとは俺が自分でできるから」

悟おじさんはそう言うと、ふらふら歩いてその場を去っていった。取り残された彰人さんは呆然と後ろ姿を見送るしかなかった。

渋々部屋には戻ったが、悟おじさんは戻ってきていないようだった。置きっぱなしの鞄の中には財布も入っているのに、大丈夫なのだろうか。

普段なら、姿を見せる日は夕飯まで厚かましく食っていくのに、あの木の下で別れたまま、何処かへ行ってしまったようだった。叔父の存在を当て込んでいつもより多めに食材を買い込んでいた母親は、悟おじさんの身勝手を随分と怒っていた。

次の日の早朝。

バタバタという足音と母親の金切り声を聞いた気がして、目が覚めた。

家には母親の姿はなかったが、窓の向こうからざわざわとした声が聞こえ、思わず眠い目を擦りながらも窓を開いた。公園に人だかりができていた。件の木を取り囲むようにしてブルーシートが立てられており、野次馬に混じって警察官の姿が目に入った。

ただ事ではないことが起きたのが分かって、どきりと胸が跳ねた。

そうこうするうちに、青い顔をした母親が崩れるようにして部屋に入ってきた。

そんな泣き方をすることに彰人さんは動揺したことを覚えている。

「悟が死んじゃった」

それだけ言うと、わんわん子供のように泣いた。悟おじさんが死んだことより、大人が

悟おじさんは自殺だった。

昨晩、鉄籠の中に入って油をかぶり、自ら身体に火を放ったのだ。深夜にその児童公園でスケボーをしていた青年達が、通報者だった。最初はゴミ箱のゴミが放火されているのかと思ったが、人だと気付いて仰天したらしい。火の熱さに暴れてしまわないよう、地面に固定されたゴミ箱の中で自殺したのではないかというのが警察の見解だった。

そう。悟おじさんはゴミ箱の中で死んだ。

警察のブルーシートが外れたときには、あの目玉焼きの木がなくなっていたのである。

確かに木が生えていたのだと騒ぐ彰人さんを、母親は泣き腫らした顔で平手打ちした。

「そんなこと、どうだっていいでしょ！　悟が死んじゃったのに、あんたは……」

そう言って泣き崩れる母親に、彰人さんは何も言えなかった。

母親が葬儀社との打ち合わせで外出しているときを狙って、押し入れに放り込まれてい

たアルバムを密かに引っ張り出した。あの写真に例の木が写っているはずだと、ページを捲る。

写真は、確かにあった。

プラスチック製の車に跨がる彰人さん、その背に手を添える父親。

そして。その後ろには街灯と、鉄製のゴミ箱が写っている。目玉焼きの花が付いた木は何処にも写っていなかった。しかし。

鉄籠の後ろに、無表情で立ち尽くす悟おじさんがいた。

そこだけ何十年も経過したかのように色が抜け、顔の周りはまるで涙を流したみたいに水で濡れたような跡があった。見てはいけないものを見てしまったような気がして、彰人さんは慌ててアルバムを閉じると、元の場所へとしまった。

それ以降、何も奇妙なことは起きていない。

鉄製のゴミ箱は暫くコンクリートの土台だけが黒い煤とともにあり続けたが、いつの間にか新しい大きなリサイクルボックスに変わっていた。それも、郵政民営化の年くらいに団地自体が取り壊されてしまい、跡地は巨大な新興住宅地になっている。

結局、今日まであの木の正体が何だったか、短冊に書かれていた内容も併せて、全く分からないそうだ。

ここまでは彰人さんが飲み会で話していた内容を、私の友人である飯村さんが聞き書きしてくれたメモを元に書き起こしたものである。

彰人さんは例の木を「サザンカだ」と言っていたそうだが、季節が夏だったからそれはあり得ないだろうと列席していた友人らが指摘し、結局その話は有耶無耶（うやむや）に流されてしまった。

飯村さんも、つい最近まで彰人さんから聞いたこの話を忘れていたそうだ。

しかし先日、たまたま訪れた植木屋でその木を見かけた瞬間、雷に打たれたような衝撃を受けた。目に入った瞬間、すぐに分かった。これが、彰人さんの言っていた「目玉焼きの木」であると。

あまりの衝撃に固まっていると、営業の好機だと誤解したのか、植木屋の主人がやってきてベラベラとセールストークを始めた。

「お姉さん、良い木を選んだね。この木を選ぶのは、徳が高い人だよ」

突然声を掛けられ当惑する飯村さんの様子を見て、植木屋の主人は取り繕うように補足した。

「この木は、シャラノキ。別の名前だと、ナツツバキというんだ」

ナツツバキ。

言われてみれば、確かに椿のような花の形をしている。しかし葉の形状は違う。飯村さんが知っている椿よりもやや薄く、卵型をしている上に艶がない。

複雑な気持ちで木を見上げる飯村さんに、植木屋の主人は説明を続ける。

「真っ白い花、黄色の雄しべ。椿と似た形状をしているけど、ナツツバキの花は朝に咲いて夕方には落ちちまうんだ。たった一日だけの命、諸行無常だろう。昔の人はこの木に無常観を覚えて、沙羅双樹って呼んだんだよ」

そこまで聞いて、飯村さんは胸に閊(つか)えていた何かがすとんと落っこちたような感覚を覚えた。見る、五つの、空。何処かで確かに見た覚えがある文字列だった。漸く思い出した。高校の倫理の授業で、担当教諭が気まぐれに般若心経の解説をしたことがあったのだ。

照見五蘊皆空度一切苦厄。

自分を含むこの世の全てを構成する五蘊というものは実体がないと理解できれば、一切の苦しみや災いから解き放たれるという意味である。

当時飯村さんは仏教の根底にある「空」の概念が分からず、授業を担当していた教諭に繰り返し解説を求めた記憶があった。

「要するに、人間を構成する五つの要件、色んなものに対する感情だったりこだわりだったり、そういう物は一切意味がないものなんだって割り切れれば、あらゆる苦しみや災いから逃れて安らぎの境地に行くことができるっていう意味じゃないかな」

俺も専門じゃないけどね。そう付け加え職員室へ逃げ帰った教諭を横目に、当時の飯村さんは妙に腑に落ちた感覚があったそうだ。

この解釈はあくまで飯村さんの予想であり、実際にあの日、彰人さんが見た言葉だという確証はない。しかし、猛暑の日に突然生えたナツツバキから、悟おじさんが何かに触れ、冥途へ魅せられたことだけは事実である。

畜生部屋

　取材に応じてくれた正志さんは、終始、苦虫を噛み潰したような表情を崩さなかった。

「地元じゃそれなりに知られた話だ。万が一でも特定されるとまずいんだわ」

　身元や地名等、絶対に分からぬよう書いてくれ、と念を押された。

　それ故、以下に記す体験談は、固有名詞は勿論、話の一部にも意図的なすり替えと攪拌(かくはん)を行っている。

　読者諸氏におかれては、その点を御了承願いたい。


　かれこれ二十年程前、正志さんが二十歳そこそこの頃。

「その年、就職したんだ。……まあ、御想像の通り、昔は大分ヤンチャしたよ。ただまあ、親父が膵臓やられておっ死(ち)んで、お袋には泣かれるし、ぶらぶらするのにも飽きてた訳」

　そうして就職した先は、所謂ところの便利屋だった。

　社長は穏やかな初老の男だったが、時折、堅気とは思えない目つきを見せることがあった。察するに、相当な場数を踏んできたのだろう。

社員数は社長と、経理を担当している奥さんを含めても六人。

実働部隊となるのは実質、専務以下の四人で、繁忙期には社長までもが禿頭を汗で光らせながら奮闘していた。

「今思えば、アットホームな良い職場だったよ。皆優しくてさ」

特にタケさんという三十代半ばの先輩は、マサ、マサ、と何かに付けて世話を焼いてくれ、弟も同然に可愛がってくれたそうだ。

聞けばタケさんは昔、年の離れた弟を事故で亡くしているのだとか。

「俺は一人っ子だし、物心付いたときには、親父は酒で脳味噌とろけてたからね。破れ鍋に綴じ蓋、って言い方が合っているかは知らんけど、随分良くしてもらったよ」

仕事の面でもタケさんは正志さんの教育係となり、どの現場に行くにも二人一緒だった。

依頼で多いのは、まず以て不用品回収と掃除、害虫駆除、エアコンの取り付けなど簡単な工事に、水回りのトラブルだ。

真面目で手先が器用なタケさんは、社長からの信頼も厚かった。

正志さんが漸く仕事に慣れてきた、ある雨の日。

「タケ、ちょっと××行ってくれんか？」

胸元に扇子でパタパタと風を送りながら、社長が言った。

××と聞いて、タケさんの表情が曇る。

それはとある文化団地の通称なのだが、周辺の人間では知らない者のない場所だ。

そこでは住民の半分がアル中、もう半分がヤク中かその両方と言われていた。

「……今度は何すかね？」

「どうも水詰まりらしい」

汚れ仕事である。

はああ、とタケさんが大仰に溜め息を吐いた。

「丁度良い機会だから、マサも連れていってくれ」


行きの車中、助手席のタケさんは珍しく愚痴を零した。

「マサ、お前、××で仕事すんのは初めてだよな？」

「そっすね。名前はまあ、当然知ってますけど」

「……あそこ、臭えんだわ」

言いながら、タケさんは窓から煙草を放り捨てた。

「臭い？　どんなっすか？」

「強いて言えば、ビーフジャーキーが腐った臭いってのかな」

腐ったビーフジャーキーの臭いなど嗅いだことはないが、想像するだに不快である。

「今はもうねぇが、俺の親がガキだった時分には、アレの工場があったからな」

「アレって何すか？」

「お前、物知らねえなあ」

タケさんは呆れ顔を浮かべた。

「加工する奴だよ。えげつねえ臭いがするんだわ」

「へえ」

「だからなのか、あの辺一体の地面は昔から妙に脂ぎってな。……土地として終わってるんだ。雨なんか降った日にゃ、その臭いがより強烈になる訳」

窓の外の雨足は弱まる気配がない。

「……マジっすか？」

「おう。だから愚痴ってんだよ」

「うわ……」

正志さんは暗澹とした気分に陥った。百戦錬磨のタケさんにそうまで言わせるとは、一体どれほど凄まじい悪臭が待ち受けているのだろう。

「おまけにあそこ、何て言うか、半分死んでるような連中ばっかり住んでるだろ？」

「みたいっすね」

「それもな、どうも土地のせいなんだわ」

どういう意味ですか？　と訊こうとしたところで、タケさんがブレーキを踏んだ。

「ほれ、着いたぞ」


車外に出て見上げた団地は、薄汚れていた。

かつてはクリーム色だったはずの外壁は雨垂れによって無数の黒い筋が走り、ひび割れが目立つ。人の手が届く範囲にはスプレー缶で無数の落書きが施され、住民の質の悪さを窺わせた。それをこうまで放置しているということは、建物の管理自体、殆どなされていないのだろう。

生温い風とともに、胸の悪くなる臭いが運ばれてきた。

「な、臭うだろ？」

タケさんがそう問うた。「ビーフジャーキーが腐った臭い」と聞いていたが、どちらかと言えば、正志さんは換気のされていない病室を想起した。

傷口から溢れる膿、垂れ流しの排泄物、名前も知らない薬品と消毒液。それらが渾然一体となった悪臭が、瘴気となって立ち昇っている。そんな感じだ。

予想していたよりも強烈な臭いだった。

正志さんはもうその時点で大分気分が悪くなっていた。しかしまさか「臭いんで帰ります」とは言い出せない。

タケさんに続いて団地の中に入っていくと、臭いは外ほどではなかったが、妙に薄暗い。雨天とはいえ、電灯が切れている訳でもないのに、何だかおかしなことである。

目指す部屋は五階。エレベーターはなかった。

ロビーや階段、外廊下といった共用部分の床には、水を吸ってべしょべしょになったチラシ類が汚らしくこびりつき、ビニール袋や煙草の吸い殻、酒瓶などが打ち捨てられている。階段を上がるにつれ、正志さんは暗い気持ちになってきた。

「ここだ」

タケさんが立ち止まった。

五〇三の部屋番号の下に蒲鉾(かまぼこ)板のような表札が貼り付けてあり、辛うじて「田淵」の文字が読み取れる。

タケさんがインターホンを押すと、三十秒程して扉が開き、初老の男性が顔を覗かせた。

「何?」と声を発したその男は長袖の肌着にステテコを穿いただけの出で立ちである。白髪交じりの蓬髪（ほうはつ）に無精髭、粘土に近い顔色、手足は酷く細いが、腹部はまるで餓鬼のように膨満していた。

手渡された名刺に視線を落とした男は、うう、と一言、獣の唸り声のような音を喉から発し、押さえていた扉を大きく開け放った。

玄関に続く廊下を一目見て、正志さんは絶句した。

床一面に、砂が敷き詰められているのだ。

便利屋稼業に身を置いている以上、ゴミ屋敷の清掃は日常茶飯事である。

けれどこの光景は、あまりに異常に思われた。

さしものタケさんも一瞬、躊躇したようだったが、すぐに営業スマイルを取り戻し、

「お邪魔します」

と玄関に足を踏み入れた。

正志さんが使い捨てのスリッパを取り出している間に、男は砂をざくざくと踏みながら、廊下の奥へと進んでいく。

「こりゃあ猫砂だよ」

タケさんが小声で呟いた。スリッパ越しに伝わる感触から、正志さんもただの砂ではないと気付いていた。

きっと何か動物を飼っているのだろう。部屋中に漂う臭いからも、それは明らかだ。室内には最前、屋外で嗅いだそれをより濃縮したような、動物園じみた悪臭が立ち込めていた。

犬猫の多頭飼育か、あるいはもっと大型の獣を室内飼いしているとしか思えない。が、奇妙なことに、それらしき動物の気配は一切感じなかった。

何なんだよ、この家……。

正志さんは困惑した。すぐ目の前を歩くタケさんも緊張しているらしく、肩に力が入っているようだ。

水詰まりがあるのは、台所、浴室、洗面所の三箇所とのことで、二人は別れて作業をすることになった。場所を指示すると男は居間に引っ込んでしまった。

どの部屋にも、猫砂が撒かれていた。

「この家は……何かやべえ。さっさと終わらせちまおう」

タケさんの口からそんな言葉を聞くのは初めてだった。心なしか、顔色も青褪めて見える。正志さん自身も、臭いのせいで既に頭がくらくらしていた。

浴室と洗面所をタケさんが、台所を正志さんが担当することになった。

台所は荒れていた。

臭いと猫砂に関してはどの部屋も同じなのだろうが、半ば溶けかかった野菜屑や底にどす黒い液体が沈澱したペットボトル、丸められたキッチンペーパーなどが至るところに散乱している。

おまけに無数の蝿がわんわんと音を立てて飛び交っており、到底、人間の住まいとは思えない。

配管を確認するため、シンクの扉を開けた。

途端、中から黒い波のようなものが押し寄せてきて、正志さんは短い悲鳴を上げた。

見たこともない程の、ゴキブリの群れだった。

狂ったように部屋中を駆け回り、挙げ句の果てに作業着を這い上がってくる忌まわしい虫どもを、正志さんは半泣きで踏み潰し、払い落とした。

本当に帰りたい……。

間違いなく、これまでで最悪の現場だった。

「マサよう……」

背後から不意に声を掛けられた。

台所の入り口に、タケさんが立っていた。

「タケさん！　ここ、ほんとダメですって。見て下さいよこれ、ゴキブリが……」

「女……」

「えっ？」

「向こうの部屋に、女がいるんだよ。……それも五人。この家、ほんと終わってる……。なあ、どうしたらいいと思う？」

タケさんは両手で自らの肩を抱き、怯えたような視線を周囲に漂わせている。

明らかに様子が変だ。

おまけに、女とは？

「……廊下の途中に、襖があっただろ？　俺、胸騒ぎがして、開けてみたんだよ……。そうしたら……」

丸裸の女性が五人、薄暗い部屋の中に蹲っていたのだという。

ろくに食事も与えられていないらしく、皆、骨と皮ばかりに痩せていた。長く伸びた髪と垢じみた顔のせいで、年齢もよく分からない。絶句し立ち尽くすタケさんに視線を向けるでもなく、ぼんやりと虚ろな眼差しを漂わせていた。

換気のためか部屋の窓は全開に開け放たれ、雨が吹き込んでいた。

「……どう考えても普通じゃねえだろ？　マジで終わってるよ……」

お前も見てみろ、と有無を言わさぬタケさんの勢いに負け、正志さんは言われるがまま後に続いた。

途中、居間を覗いてみると、部屋の主は床に敷き詰めた猫砂を気にすることなく、テレビの前で横になっていた。後ろ姿しか見えないが、寝ているのかもしれない。そのほうが好都合だ、と正志さんは思った。

タケさんの言っていることが本当なら、それはつまりこの部屋の主が拉致監禁とか、そういった犯罪行為に手を染めているということだろう。

そしてこの状況で、タケさんが嘘を吐いているとは考え難い。

だとしたら、するべきはまず警察への通報だ。

自分達は、こんなに悠長にしていて良いのだろうか？

「この部屋だ」

薄汚れた襖の前で、タケさんは足を止めた。

正志さんは生唾を飲み込んだ。

「開けるぞ」

ゆっくりと、タケさんは震える手で襖を滑らせていく。

視覚より先に聴覚が、さあ、さあ、という雨音を認識した。

正志さんの目の前で、襖が開け放たれた。

豚小屋に顔を突っ込んだような臭いが、正志さんの鼻を衝く。

最初、自分が見ているものが何か、まるで分からなかった。

そこは五畳程の部屋だった。

案の定、隙間なく敷き詰められた猫砂のせいで、和室か洋室かの区別も定かではない。

全開にされた窓からは風雨が吹き込んでいる。

部屋の中央には二段組の棚が設置され、そこに大小五つの物体が、整然と、まるで雛人形のように並べられていた。

上段には牛、豚。

下段には、鶏、犬、猫。

首から下はない。

並んでいるのは、動物の頭部だ。

物言わぬ十の瞳が、虚空を睨んでいた。

「タケさん、これ……」

正志さんは二の句を継ぐことができなかった。

目の前の光景は、あまりに常軌を逸している。

けれど、タケさんが言っていた女は、五人の女の姿は、部屋の何処にもない。

襖が閉じられた。

「……マサ、お前も見ただろ？　いただろ？　女がいただろ？　なあ？　……ヤバい。終わってる。心底終わってるよ……」

こんなとこにはいられねえ、と吐き捨てるや否や、タケさんはそのままふらふらと玄関のほうに歩いていった。

居室に動物の首を飾ってはならないとの法律はない。おまけにタケさんが見た女とやらの正体も不明だが、この家が「ヤバい」というのには正志さんも全面的に賛成だった。

こうなっては水詰まりどころではない。

正志さんは慌てて荷物を纏め、部屋の主に挨拶もせず部屋を飛び出した。

外にタケさんの姿はなかった。

車は駐車場に放置され、携帯電話も通じない。

仕方なく一人で帰社した正志さんは、掻い摘んで社長に事情を説明した。

「……お前、まさか変な薬でもやってんじゃないよな？」

訝しげに耳を傾けていた社長は、話を聞き終えるとすぐにタケさんに電話を掛けた。

連絡は付かなかった。

結局、作業は殆ど手付かずだったにも拘らず、部屋の主からはクレームの電話すら入らなかった。

「その日を境に、タケさんが出社してくることはなかったよ」

どうやら家にも帰っていないらしく、家財道具一式を残したまま、行方をくらましてしまったのだ。

社長とタケさんの親族が相談し、行方不明届を出すことになった。

「半年くらいは梨の礫だったね。まあ事件性がある訳でもないし、警察も本腰入れて動いちゃくれないよな」

社長ともそう話していた矢先、目撃情報が寄せられた、と警察から連絡が来た。

それは隣県でアパート経営をしている男性によるもので、つい先日までタケさんによく似た特徴の人物に部屋を貸していたというのだ。

「それがまた気持ち悪い話でさ」

情報提供者によると、タケさんらしき男の部屋からは、時折、動物とも人間とも付かない呻き声や絶叫が聞こえることがあった。男はそのせいで、同じアパートの住民とよく揉め事を起こしていたのだとか。

最後には見るに見かねて退去を申しつけたのだが、立ち会いの日に訪ねていくと、室内はもぬけの殻で、そもそも家具家電類が設置された形跡すらなかった。

「ただね、その部屋……」

ほんの一瞬、正志さんは言い淀み、視線を泳がせた。

「……その部屋、床一面に砂が、猫砂が敷き詰められていたんだと。だから清掃にはえらく難儀したらしいって、社長からはそう聞いてるよ。……勿論他人の空似の、単なる猫好きって可能性も捨て切れないけど、もしそれがタケさん本人だったなら、どうしてそんなことしたのか、俺には全然分かんない。……分かりたくもないね」

あとがき　災厄の受け皿

先日、客先に向かう際、某路線の駅構内で高校生が落としたと思しき定期券を拾った。

仄暗い怪談を集めている負い目から積極的に徳を積むよう心掛けてはいるのだが、駅交番がなかなかの混雑ぶりで、予定していた電車を逃してしまった。仕方なく、タクシーに切り替える。乗り場で一度横入りされ、厄日だと独り言ちつつ、配車されたタクシーに乗り込む。

「お客さん、もしかして怖い話とか好きなの？」

行き先を告げ、走り出した途端、運転手が不敵な笑みを浮かべて問い掛けてきた。すわ、千里眼の持ち主かと思いきや、私が持っていた怪談特集の雑誌を見て声を掛けたそうだ。

そうして蒐集した話が、本書に収録されている「盆の客」である。

あの日、定期券を拾わなければ、駅交番が混雑していなければ、電車に乗り遅れなければ、タクシー乗り場で横入りされなければ、この話は私の掌からは零れていたはずである。

怪談を集めていると、この類いの「偶然に操作される」体験に度々遭遇する。

思えば、本書に収録されている怪談も同様だ。あの日、あのとき、あの場所にいなければ。誰かが偶然にも跨いで通った落とし穴を、踏まずに済んだ地雷を、稼働しなかった罠を、不幸にも引き当ててしまった方々の体験を、御厚意で託されているにすぎない。

共著者である蛙坂さんは、体験のぼんやりとした輪郭を描くのが抜群に上手い。滲み出る怪異の様相を、その巧みな語彙と筆致で浮かび上がらせ、気付けば退路を断たれている。同じく共著者であり、本書の牽引役でもある神沼さんは、怪異体験に潜む悪意を鮮やかに切り取っていくことに長けている。神沼さんとの共著は二冊目となるが、相対するときには常に自身が持っている素材を一番鋭く見える切り口で仕上げていくよう心掛けている。

水彩画と油彩画のような全く色味の異なる怪談作品に挟まれながら、この度もひたすら背中を丸めながら粘土を捏ねていた私である。ただ三者三様、全く混じり合わないように見えて、これが一冊に纏まると不思議とバランスが良いのが面白いところだ。

本書は著者三人、本年最後の全力を出し切った一冊である。収録作品に関しては、もうどうしようもなく救いがない、後味の悪い話も多い。読者の方から「持っていると呪われそう」とお褒め（?）の言葉も頂く怪談本だが、江戸期の幽霊画が縁起物だったように、本書に関しても、是非愛して手元に置いていただければ幸いである。

若本衣織

あとがき　厭よ厭よも

こんにちは、蛙坂です。

昨年末に刊行された神沼三平太さんとの共著『実話怪談　虚ろ坂』に引き続き、今回は『怪談番外地　蠱毒の坩堝』にて御機嫌を伺います。

確か『虚ろ坂』のあとがきにも書いたことですが、私は本来、奇妙な味わいのふわっとした怪談が好みです。それが巡り巡ってどういう因果か、厭怪談の名手である神沼さんに目を付けられ、あんな本を、そしてこんな本を書く仕儀と相成りました。

そもそも私は、厭怪談という言葉があまり好きではないのです。

と言うか密かに、そんな怪談ってあるかい、との反発すら覚えています。

何故なら私にとって、ないはずのものがあるとか、あるはずのものがないとか、要するに自己と世界の間に揺らぎを生じさせる出来事は、押し並べて「厭」なものなのですから。

おまけに今回は、今や斯界随一のバスター系ファイターとして絶大な存在感を放つ若本衣織さんを交えた三つ巴！　私の抱いた心労は並大抵のものではありません。

厭怪談の「厭」とは、果たして私に対する厭がらせの「厭」だったのでしょうか。とはいえ私としても、お二人が相手である以上、中途半端なものを書いてお茶を濁すことはできません。

ついでに言うと、共著者の若本さんと私は、今年の春と秋にそれぞれ初単著を上梓したばかりです。そのため上質な強火ネタを掻き集めるのには苦労しましたが、最新のものから長いこと蔵出しを渋ってきた話まで、お互い今出せる最良の「厭」を、腕によりを掛けて料理しました。

もちろん神沼さんに関しては言わずもがな、三人三様のどうかしてる話が目白押しの一冊になったのではないかと思います。

それにしてもまあ、よくもこう酷い話ばかり集めたものだな、と感心を通り越して呆れてしまうほかありません。

読者の皆様におかれましても、世の中にはこんなにも怖い目に遭っている人がいるのだな、と呆れつつ慄いていただきまして、世界の豊かさ、そして恐ろしさを再確認してもらえれば幸いに存じます。

蛙坂須美

あとがき　時代は常に廻っていく

神沼です。本書、『怪談番外地　蠱毒の坩堝』を、最後までお読みいただきありがとうございます。どうもお疲れ様でございました。

今回も、なかなか厳しい状況からの立ち上がりだったのですが、まずは書き始める前に、いくつか自分で決め事を立てました。

全力で取り組むこと。誠意を持って向き合うこと。自分の限界を見せることになっても、卑屈にならないこと。

そのようにして執筆を続けました。読者の皆様におかれましては、今回の本は楽しんでいただけましたでしょうか。話の掲載順は不肖、神沼が決めさせていただきました。連なる話によるグループ感もまた怪談の大事な要素ですが故に。

この通称「年末の殴り合い本」ですが、今回は過去に殴り合った著者を揃えての三人共著。暗黒のトリニティになりました。今後怪談文芸を牽引していく若手にエールを送る本であると、個人的には考えております。共著者のお二人は、どちらも今後ますます素晴らしい実りをもたらしてくれるでしょう。

完成度の高いお二人の原稿を読んだときの高揚感は、読者の皆様と同じか、それ以上でしょう。単純に僕はお二人の怪談のファンなのですよ。

僕？　僕はまぁ、今後も変わらずやっていくでしょう。怪談の血に塗れすぎているので普通の男には還れないのです。その点はご安心ください。

しかし、この冬は弱りました。執筆中に谷村新司さんが亡くなり、櫻井敦司さんが亡くなり、チバユウスケさんが亡くなりました。生涯忘れられない冬。

個人的なことで恐縮ですが、まだワタクシ、心の傷が癒えておりません。

同じく辛い思いをしている方も多いでしょう。ただ、常に時代は廻っていくのです。

来年、あなたに何か良いことがありますように。

そして最後に少しだけ明るい話を。過去に刊行された『恐怖箱　百物語シリーズ』の初期三部作（百聞・百舌・百目）と、加藤一さんの過去作『禍々』を合本再編集した、日めくり怪談本が電子書籍版で出版されます。タイトルは『ヒビカイ――３６６日の怪談＃２０２４』です。こちらも是非楽しんでいただけましたら幸いです。

令和五年　師走　　　　神沼三平太

★読者アンケートのお願い

本書のご感想をお寄せください。アンケートをお寄せいただきました方から抽選で10名様に図書カードを差し上げます。

（締切：2024年1月31日まで）

応募フォームはこちら

怪談番外地　蠱毒の坩堝

2024年1月3日　初版第一刷発行

著者……神沼三平太／若本衣織／蛙坂須美
編者……神沼三平太
監修……加藤 一
カバーデザイン……橋元浩明（sowhat.Inc）

発行人……後藤明信
発行所……株式会社　竹書房
〒102-0075　東京都千代田区三番町8-1　三番町東急ビル6F
email: info@takeshobo.co.jp
http://www.takeshobo.co.jp
印刷・製本……中央精版印刷株式会社